福祉と教育の

WELFARE AND EDUCATION MANAGEMENT

マネジメント

人間関係をよくするための方法

嶋野重行
Shimano Shigeyuki

はじめに

「マネジメント」といえば、企業経営が中心と思われ、福祉や教育からはかけ離れていると考えがちです。そのため、以前は経営者や管理職だけがわかっていればよいという意識がありました。

　しかし、平成を迎えた頃から福祉支援と教育は「サービス」と考えられるようになりました。それまでの強い立場にある者が弱い立場にある者に施す、パターナリズム（温情主義）的な、必要最低限の支援を保障するのではなく、人々のニーズが多様化してきたこともあって、自己負担はあったとしても質のよいサービスとしての福祉や教育を求める時代になってきました。

　よりよい「サービス」を提供するために、「マネジメント」はこれから福祉や教育でも必要となる知識なのです。

*

　もちろん、いまでも福祉や教育に対する考え方は、戦後すぐにつくられた『日本国憲法』の第25条「1．すべて国民は、健康で文化的な最低限度の生活を営む権利を有する。2．国は、すべての生活部面について、社会福祉、社会保障及び公衆衛生の向上及び増進に努めなければならない」、第26条「すべて国民は、法律の定めるところにより、その能力に応じて、ひとしく教育を受ける権利を有する」、これらがベースとなっています。

　それに加え、日本は国際連合で採択された『子どもの権利条約』や『障害者権利条約』を批准し、「幸福追求権」や子どもの「意見表明権」などの権利も憲法で謳われる「基本的人権」となりました。子どもや障害者の基本的人権と幸福が、セットとして求められるべきものとされたのです。それとともに日本は、障害者を含む、いろいろな人たちが「共に生きていく福祉社会＝共生社会」の実現を目指す国になり、それを実現していく「教育」のあり方も考えられるようになってきました。

1

幸福と共生社会を考えるとき、詩人であり童話作家の宮沢賢治（1896〜1933）を思い出します。賢治は、未来の子どものためにメッセージを込めた童話を多く残しました。たとえば、『なめとこ山の熊』では、猟師の小十郎を誤って殺してしまったことを、本来、殺される側の熊たちが悲しみます。そこには、増えすぎる熊たちをちょうどよく調節して、森の生き物を調和してくれていた小十郎の死を惜しむ念が見られます。『セロ弾きのゴーシュ』では、セロを弾くのが下手なゴーシュのもとに動物たちが代わる代わる現れ、注文をつけながら弾いているうちに、気づいたらゴーシュはセロが上手になっていました。どちらも動物と人間の「共生」をテーマにしている物語です。

また、代表作の『銀河鉄道の夜』では、主人公のジョバンニの友人であるカムパネルラが、川で溺れた友だちを助けて（亡くなって天国へ向かう銀河の）列車に乗っていたときに両親のことを思います。親より先に逝くことは親不孝だけど、親はそれを許してくれるのかどうかと自問します。そして、自分の命は、自分だけのものではないことを考えます。

賢治の作品の底流にあるメッセージはやはり、「幸福（ウェル・ビーイング）」の追求だと思われるのです。

＊

人は自分の意志とは関係なく、気がついてみれば生を享け、この世に存在していますが、誰一人として不幸になろうなどと思って生まれてきた人はいません。そして、生まれたからには、その人が幸福な人生を送れるように援けるのが、先に生まれた人たちの使命でもあると思います。子どもたちが苦労せずに生きられる幸せな社会の実現に努め、次の世代へと引き継いでいくのです。いまは、「個性」というものがクローズアップされますが、それは「社会」のなかで人とかかわりながら生きていくための「個性」です。社会の発展と個人の発達の両面から人間の生き方を考えることが大切です。

福祉や教育の仕事は、社会のなかで生きてゆく子どもたち一人ひとりが持つ、「可能性」や「個性」を育てるために行われています。学校の成績によって差別されたり、人格が否定されたりしないよう、国籍や出自によって教育権の享受が差別されないように保障される必要があります。そして、すべての子どもが幸福な人生を送ることができるように、児童や障害者の「福祉」「社会的な養育（社会的養護）」あるいは「教育」のニーズに応じてサービスを提供するために、**マネジメント（経営・管理）やガバナンス（統治・支配）**はあります。

　厚生労働省は平成29（2017）年から保育士に「キャリアアップ研修」を導入しましたが、その研修分野に「マネジメント」があります。あわせて教育の現場でも、「マネジメント」の理解は求められてきました。本書が、そうした現場で働く人たちの一助となれば幸いです。

＊

　本書はタイトルを『福祉と教育のマネジメント』とし、福祉分野が主になり、教育分野が従になりました。障害のある子どもの「特別支援教育」を専門としてきた筆者としては、両者はそれぞれ発展してきた歴史が違うため、そこに横串を通すような共通項を探りながらの困難な作業であり、既存の組織論や経営学、経済学、特別支援教育などの本の力を借りながらの執筆となりました。また、歴史につきましては様々な解釈があり、認識の違いもあるかもしれません。欲張りすぎて浅学菲才をさらすことになりますが、これも福祉と教育の現場の発展を願ってのことですので、ご寛容願いたいと存じます。

　令和5（2023）年6月30日

嶋野重行

福祉と教育のマネジメント　目次

Ⅲ　リーダーシップと組織

Ⅳ　福祉・教育の仕事

V　組織目標

VI　人材育成

VII　働きやすい環境

VIII　歴史

Ⅸ　羅針盤

【凡例】

・「障害」「障がい」の表記について。教育では「障害のある子ども」、福祉では「障がい児」、法律・医療分野では「障害」とされます。本書では「障害」は漢字、「子ども」は漢字とひらがなを基本に表記しました。

・今日では差別的な表現として避けられるべき用語についても、歴史的な理解のため使用しているものがあります。

・引用においては、適宜、歴史的仮名遣いを現代仮名遣いに直しました。

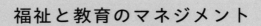

福祉と教育のマネジメント

I　社会システム

1　集団とは

　古代ギリシャの哲学者アリストテレス（B.C.384〜B.C.322）が、その著書『政治学』のなかで「人間はポリス（国）的動物」と言ったように、人類は誕生とともに共同社会をつくって生活してきました。

　日本でも、縄文時代のはるか以前から集団で共同生活をしていました。そもそも人類が生き抜いてくるためには、「共に生きる社会」であることが必須だったと思われます。もともと、この世は多様な人たちが生活する社会だったのですが、「分断」や「分離」が進んできたことから、あらためて今日では「共生社会」や多様な人たちからなる「ダイバーシティ」の実現がいわれるようになってきました。

＊

　この人間社会の集団をドイツの社会学者テンニース（1855〜1936）は、「ゲマインシャフト」と「ゲゼルシャフト」に分析しました。

　まず、「**ゲマインシャフト**」とは、「**伝統的な小規模集落のような、自然発生的で共同体志向的な集団**」とされます。自然発生的な共同体とは、利益があるかないかで人間関係を維持するのではなく、家族のような愛着や信頼などにより親密な人間関係が維持されている社会の状態です。日本社会は特に共同体の「経歴」や「同郷」などで所属意識が強くなる傾向があ

ります。このような社会集団は、英語の「**コミュニティ**」にあたります。

＊

次に「**ゲゼルシャフト**」とは、「**都市社会でみられる、個人の合理性と相互契約に基づく自由な集団**」とされます。合理性と相互契約に基づくとは、たとえば「利益追求」と考えることができ、社会のなかで自分が心地よくなるためにお金を儲けるという目的を持ちます。そのような目的のための故意、人為的な契約に基づいた集団です。これは英語の「**アソシエーション**」や「**オーガニゼーション**」にあたります。

社会が個人の自律性を前提につくられているか、それとも集団の利益を優先するようにつくられているかは、社会科学における伝統的な問題です（『最新　心理学事典』平凡社）。

さて、児童養護施設や学校は「金銭の利益追求」の場ではありません。**国や県からの補助金という国民の税金により運営されている予算型組織です**。かつては篤志家による慈善事業という、家族主義に基づいた運営でした。しかし、現在では国・公共団体等が、『社会福祉法』に基づいて設置、運営しています。そこで、それらの組織を集団と置き換え、どのような集団なのかを考えたとき、「ゲマインシャフト」と「ゲゼルシャフト」の２つの機能が混在する集団であると考えられます。

つまり、**福祉や教育の事業は公共の資源であり、コミュニティとアソシエーションという両者の性格を持つ組織形態であるといえます**。家族のような愛着や信頼などにより親密な人間関係が維持され、家庭的な雰囲気を持ちながらも、契約によって金銭に応じたサービスの提供という企業組織の役割も持ち合わせているのです。

しかし、障害者施設などでは安定経営のために、利益をまったく無視するわけにはいかなくなっています。障害者を保護するだけでなく、「自立」に向けた働く力も身につけさせていきます。すべてを国や県から支給される運営費や補助金に頼るのではなく、利用者との契約により、質のよいサービスを提供し、かつ利用者についても金銭の負担の程度によって、

よりよいサービスを受けられる、という考え方になってきました。

　しかし、それはすべての福祉施設にあてはまるわけではありません。乳幼児や児童養護施設、母子支援施設などへの入所は、子どもを両親あるいは養育者から離す諸事情が生じます。その場合には、行政によって措置・保護をとることになります。

＊

　施設や学校には、いろいろなルールや制約があります。また、人の心の動きは与えられた環境に対応する形で生まれてくることを考えれば、共同で生活していくためには同調意識も生じます。ルールを破らない限り、身の安全が保護された生活ができます。つまり「自由はないが、安全はある」状態です。施設に入所しないと「自由はあるが、安全がない」状態となります。

　いじめや不登校の問題を考えると、必ずしも学校が、その子どもにとって安心・安全ではない場になっている気がします。一方、安心・安全な場となれる集団には、その反作用として異質なものを排除しようとする力があるので注意が必要です。

　福祉や教育の場は、とにかく安心・安全な集団の場所である必要があります。安心・安全な場であってこそ、教育や福祉の役割が保てます。経営者や管理職は、利用者と支援員、児童生徒と教師が安心して、親和的な集団で活動ができる環境をつくりあげる必要があります。そこで経営者の力量であるマネジメント、ガバナンスが問われます。

2　家族とは

　日本社会の集団を分析した社会人類学者に中根千枝（1926〜2021）がいます。中根は、日本社会での小集団プロトタイプ（必要最低限な型）は「家」という生活共同体であるとしました。それは、社会集団の単位、枠といえるものです。家族とは、婚姻という契約（エンゲージメント）によ

って結び付けられている夫婦、およびその子どもなど血縁関係のある人々で構成される集団です。

　家族のなかで子どもが生まれ、育ち、就職し、結婚し、また夫婦となり新たな家族をつくることで社会は維持されますが、中根は、**日本は「血縁」よりも「家」や「会社」「所属」「職場」という「場」を重んじる「タテ社会」である**といいます。思いのほか血縁関係自体は、一つのシステムとして社会組織、集団構成の原理には使われていないのです。

　なぜならば、日本では子どもがなく、「家」の後継者がいない場合には、「養子縁組」という制度が『民法』に規定されており、血のつながりがなくても家に迎え入れ、後継者、相続人とし、「家」の存続をはかってきた歴史があるためです。このようなことから、日本社会は、「場」を共有した先輩後輩のような関係性や序列意識、ウチとソト意識などの関係が「タテ社会」をつくってきたと考えました。

　そして、社会的な「場」にいかに早く、長く所属したかが、帰属や序列意識を生み、そうしてつくられた閉ざされた人間関係が「ウチとソト」などの意識を生むと分析したのです。

　このような日本的「タテ社会」がよいか悪いかではなく、**「ウチ」の力が強くなれば小集団の封鎖性が高まり、家庭内のDV（ドメスティック・バイオレンス）、児童虐待、孤独、ひきこもり、いじめなどの諸問題が起こりやすいと考えたのです。**

＊

　血縁のない者同士がつくる「家族」の問題を取り上げた映画として、平成30（2018）年にカンヌ国際映画祭パルムドールを受賞した『万引き家族』があります。映画監督の是枝裕和氏の作品で、同監督の作品にはほかにも福山雅治氏主演の『そして父になる』があります。これらの映画は、あらためて「家族」とは、いったい何かを考えさせてくれます。

　私たちは、生まれてまもなく他人を意識し、自分の周りにはいろいろな人がいることを知ります。生まれてすぐに両親と綿密な「愛着（なつき）

関係」をつくり、さらに成長とともに祖父母や親戚と、人間関係が広がります。母親にベッタリの赤ちゃん状態から、「人見知り」を経て、早い場合には6カ月くらいから保育園などに通うようになり、徐々にいろいろな人たちとかかわり、世界が広がっていきます。親から自立するため、3歳での「反抗期」も人間発達の遺伝子のプログラムに組み込まれています。

　そして、家を出ることで一つの家族から独立し、今度は自分で新たな家族をつくっていきます。これは、人類の発祥から延々と続いてきたことです。ここに「教育」の果たす役割があります。親は子どもに教育を受けさせる義務があり、子どもには教育を受ける権利があります。自立のために子どもが成長する基地としてあるのが「家族」です。血のつながりがなくても家族ができることがあります。「生みの親より育ての親」という言葉もあり、ここには「家族とは何か?」という深い問いがありそうです。

＊

　現代は、核家族化が進むとともに、ひとり親の家庭や離婚した者同士が子連れで家族となる「ステップ・ファミリー」なども多くなってきました。結婚をしない若者も増えています。結婚をせずに子どもを産み育てる人もいます。子どもができなくて困っている夫婦もいます。特別養子縁組をする親子もいます。家族のあり方が変化し、「家族」という枠がとらえ難くなってきました。

　親による子どもへの虐待も多くなってきました。児童虐待の問題では、親から切り離さないと子どもの生命が危険な場合もあります。経済的な理由で失踪したり、育児の途中で病気や事故で亡くなったり、自然災害で親を亡くしてしまう子どももいます。そのような場合は、社会が親に代わって責任を持って育てていきます。これを「社会的養護」といいます。このためには、特別養子縁組や家族に代わる施設や里親など、多様な取組みが必要になってきました。

世渡りは足の芸ではない　心の歩行（あゆみ）である
一生は旅の山路と思うべし　平地（ひらち）はすこし峠沢山（とうげたくさん）

　教育学者・新渡戸稲造（にとべいなぞう）（1862〜1933）の言葉。

　人生には、予測できないことが生じるが、決心や努力があれば乗り
越えるものである。人生は、心持ち次第である。

3　企業・事業所とは

　家族という生活集団に対して、生活の糧を得るためにある集団が、企業
や事業所です。

　資本主義社会においては、いかに企業が「効率よく利潤を追求するか」
が大きな関心事になってきました。企業は、「ある目的を達成する」ため
につくられ、その目的を達成しながら継続されてきました。そして、時代
のニーズにこたえられなくなると自ら改革し、それができなければ倒産・
廃業してきたのです。日本画家の横山大観（よこやまたいかん）（1868〜1958）は**「伝統という
のは受け継ぐものではなく革新するもの」**といいました。**生き抜いていく
ためには、規模が大きい施設だけではなく、時代のニーズに柔軟に対応で
きる組織力が必要なのです。**

　企業の目的は、市場で顧客ニーズにこたえていくことにあります。その
結果として利潤があり、生じた利益は、また次のイノベーションに向けら
れていきます。イノベーションとは、新しいものを生産すること、あるい
は既存のものを新しい方法で生産することです。

*

　日本は世界有数の長寿企業大国として知られています。創業100年以上
に達した老舗（しにせ）企業は全国で4万社（2022年時点）を超えています。事業環
境の変化や多数の経営危機を乗り越え、長年の経験に裏打ちされた有形・

無形の教訓や経営資源を蓄積している老舗企業の存在は、経済活動の礎と<ruby>礎<rt>いしずえ</rt></ruby>と
なっています。

この企業という枠組みのなかに、会社や事業所といったさまざまな組織
があります。「会社」とは、『商法』によると、商行為を行うことを業とす
る目的をもって設立された社団、「事業所」とは、物の生産またはサービ
スの提供が事業として行われている個々の場所です。福祉施設でも多くの
事業所を持って生産活動し、商売をしています。

＊

経営学者ピーター・ドラッカー（1909〜2005）は、企業について次のよ
うな意味のことを述べています。「**企業は、営利組織と答えがちだが、そ
れは<ruby>的外れ<rt>まとはず</rt></ruby>である。企業は社会の機関であり、その目的は顧客を創造する
ことである。企業は市場をつくる。人々には潜在的な欲求があり、それを
有効な需要に変え、<ruby>ニーズ<rt>ニーズ</rt></ruby>を満足させる手段を提供すると、そこに市場が
誕生する**」。

そして、**企業の基本的な機能は、「市場（マーケティング）」による満足
と「新たな満足（イノベーション）」であるとし、企業は社会の市場をつく
っている**ととらえています。

一方で、**「事業」とは営利や何かの目的を持って行われる活動のことと
定義されます。**今日の企業や学校、福祉施設等は、組織のあらゆる階層に
高度の知識や技術を持つ者を抱え、それぞれが意思決定しながら事業を展
開しています。

そして、企業が**事業で得た「利益」は、株主やそこで働く企業主、従業
員などの<ruby>利害関係者<rt>ステークホルダー</rt></ruby>へ**と、役員報酬や給料などのいろいろな形で還元され
ていきます。

しかし、それぞれがそれぞれの部署で忠実に仕事をこなしていたとして
も、気づかないうちに反対方向に向かって努力を続けている場合がありま
す。「総論賛成、各論反対」という言葉がありますが、あらゆる組織にお
いて共通のものの見方、理解、方向付け、努力が実現できているか、目的

の事業が行われているかを検証し続けなければならないのです。そこで、トップリーダーは常に「われわれの事業は何か」「顧客の満足はあるか」を問うことが必要とされます。

＊

　ドラッカーは、成功は常に、その成功をもたらした行動を陳腐化するとし、また、成功は新しい現実をつくり、新しい課題をつくりだすともいいます。そのとき、トップリーダーは、**我々の事業の持つ性格、使命、目的に影響するおそれのある環境の変化は認められるか、それらの予測を、事業についての我々の目的、戦略、仕事のなかに、現時点でいかに組み込むか、**を考えていかなくてはならないといいます。

　その環境の検討要因で考えるべきことは、次の3点です。

1．人口の構造の変化

2．経済構造、流行と意識、競争状態の変化によってもたらされる市場構造の変化

3．消費者の欲求のうち、「今日の財やサービスで満たされていないニーズは何か」

　リーダーや従業員は、これらをチェックするとともに、その事業の「強み（ストレングス）」や「弱み（ウィークネス）」を明らかにしていく必要があります。

4　経済学と福祉

　イギリスの経済学者アダム・スミス（1723〜1790）は二大著書の一つ『道徳感情論』で「同感について」から書きはじめ、いわゆる「相互的同感」である共感性（シンパシー）を重視しました。二大著書のもう一つは『国富論』です。もともとスミス自身は、倫理学の教授であったためか、本来の経済学

の出発点は共感性にあると考えたようです。人間の持っている高次の共感する能力に、社会に生きる人間のあり方を求めたのです。その前提のもとに、「神の見えざる手」という概念が加わってきました。

　経済の目的が「共感する能力」を育むことにあるとすれば、経済的成功者たちほど共感性を発揮することが必要であると思います。一部の経済的に成功した人たちは、老人や子ども、障害者を、「生産性の無いもの」として排除する方向で考えがちですが、これは全くもって間違った考え方です。

　第二次世界大戦時のドイツでは、ホロコーストに先立って、「優性思想」に基づき、精神病院で障害者の虐殺が行われました。これに対し、ミュンスターのガーレン司教（1878〜1946）が「**もし私たちが、非生産的な同胞を殺害してもよいという原則を採用し実行したなら、私たちがみんな歳をとって老衰したときにはなんと悲惨なことでしょう**」と、ナチスに従う人々に対して立ち向かう説教をしました。

＊

　イギリスの経済学者ジェレミー・ベンサム（1748〜1832）は、「最大多数の最大幸福」を提唱して功利主義の創始者となりました。人間の幸不幸、つまり快苦を計算し、できるだけ多くの人の幸福の総計が大きくなる法律や政策がつくられるべきだと説いたのです。

　功利主義の伝統を受け継いだ、同じくイギリスの経済学者アーサー・セシル・ピグー（1877〜1959）は1920年に『厚生経済学』を著し、経済政策の目標は「経済的厚生を極大にすること」であるとしました。厚生は各個人の効用（満足の度合い）の総和であり、国民所得をその指標とすることを考えたのです。

　一方で、産業の発達による経済成長で国民所得の増加と国家間の自由貿易が進み生活は豊かになった反面、環境破壊や公害、企業間での人間疎外など、従来の近代経済学では解決しにくい社会経済的な問題が発生してきました。

　そこで、1970年代初頭から、経済学では「生活の質（ＱＯＬ：クオリ
ティ・オブ・ライフ）」ということがいわれだしました。それまでは、「福
祉」は「経済外福祉」という言葉で語られていました。経済成長、安定、
分配の公平化など、貨幣によってとらえうる経済的福祉のみが経済学の対
象だったのです。そこに、貨幣指標でとらえにくい経済外福祉を国民所得
と関連させる見方がでてきたことで、「生活の質」が問われるようになっ
てきました。福祉も経済のなかにインクルーズされてきたのです。そし
て、次の４点が豊かな生活の指標と考えられました。

　１．基礎的、身体的ニーズ：生命と健康の安全な生活があるか
　２．家庭的、環境的ニーズ：便利で快適な生活があるか
　３．社会環境的ニーズ：職場、地域（コミュニティ）の人間関係が良好か
　４．高次ニーズ：教育・文化の向上や余暇時間の活用があるか

　総じて豊かな社会の目指すところは、人権が尊重され安全なこと、良好
な人間関係があること、快適な生活と文化向上があることと思います。決
して、経済学は生産性のない人々をないがしろにするものではありませ
ん。

5　経済と障害者

　経済と障害者の関係をとらえたときに話題となるのが、障害者は働く力
が弱いため、利潤を追求する企業にとっては戦力になりにくく、働いても
らっても費用対効果がないため、経済活動に参加できないのではないかと
いう疑問です。
　これに関して、経済学者でゲーム理論を専門とする松井彰彦氏による
と、経済学はいかに効率的にモノを作り、配分するかというメカニズムに

ついて考察をめぐらせてきた一方で、障害問題の研究者たちは、障害者を
はじめとした社会にいる経済的弱者をいかにすくい取るかという問題を考
えてきたといいます。利益追求には参加できずに、もっぱら社会資源を消
費するだけの存在として見られてきた子ども、老人、障害者の立場は、
「不利」な立場にあり、**経済人のおおかたは、障害者に使っている費用を
他の有益な投資に回したらどのくらい効果があるか（費用対効果）と単純
に考えやすいが、この費用対効果論は社会の現実を無視した空論に過ぎな
い**ということです。

＊

経済あるいは社会活動をしていくときに、人は必ず組織と関係を持つこ
とになります。

本来、経済は障害者・病人・子ども・老人も含めた人間の生活全体を俯
瞰的にとらえる必要があります。**障害者であっても、生きているうえでは
消費活動をすることで経済活動に大いに貢献しています。生きていくため
の住居、電気、食事、衣料、医療、薬や生活用品の購入など、健常者と変
わりません。経済は生産だけではなく、消費と両輪をなしています。障害
者の親や兄弟、祖父母、親戚を含め、みんなで生産と消費の経済活動を営
んでいるのです。**

さらに、現代経済学はゲーム理論によって、大きく変貌を遂げていま
す。ゲーム理論とは、互いに相手の行動を考えた結果、人々がどのような
行動を採るかを分析する学問で、相手の手を読むことが決定的に重要とさ
れます。

たとえば、一人の車椅子ユーザーのためにスロープを付けてほしいとい
っても行政は動きませんが、多数のためにスロープが必要だといえば行政
は動きます。効果が費用を上回るか否かは、人々がどのように考え、どの
ように行動するかによります。

ゲーム理論では「自立」ということも、「**自分のことは自分で決める**」
という原則で、あとは程度の問題とされます。電車に乗って移動ができな

い人も自宅就労であれば、生産活動ができて経済的自立ができるのです。

　一方で、自力のみで職場に行くことは、健常者であっても難儀を要します。まず、自転車や自家用車利用であっても、それらを自分一人の力で作れる人はいません。製品を作る人がいますし、メンテナンスも必要です。多くの人は通勤に公共交通機関を使っていますが、電車があっても運転士がいなければ動かない。電気を発電する人がいないと動かない。石油を掘る人、タンカーで運ぶ人がいないと電気も供給できません。また、どんなにお金を稼ぐ人でも、スーパーで食品を買うでしょう。お金と食品とを交換できなければ、生きていくことができないのです。そう考えれば、**自立とは「程度の問題」**と考えられます。

　松井氏は、みんなで互いに支え合う共生社会では、サポートを受けていたとしても**「自分で決めて（自律）」いれば、「自立」していると考えていい**としています。これは、障害者の主体的な意思である「自己選択・自己決定」の問題とも関連してきます。

＊

　また、自立を考えるときには、「心理的自立」と「経済的自立」の2つの面があります。経済的自立をしていくためには、生活の糧（金銭）を得る必要があります。それを担うのが、企業や事業所です。「福祉」も「学校」も事業体です。それらは公立であれば国民の税金が元手となって、経営されていると考えられます。そして、学校を卒業すると多くは企業や事業所に所属して、モノやサービスを再生産して生活の糧を得ていきます。これは、障害があろうが、無かろうが関係のないことです。

　しかし、障害があることによって、働くことで生活の糧を得ていくのが難しい状況にある人もいます。そこで国や県は、障害者であることを証明する「障害者手帳」を発行して、20歳から「障害者年金」で金銭給付を行っているのです。

　また、法律によって企業が障害者を雇用する「法定雇用率」が決められています。企業は社会的使命として障害者を雇用することを義務とし、障

害者が社会参加して働けるようにしています。たとえば、民間の法定雇用率は2.3%で、50人以上の企業では、2人の障害者を雇わなければならないことが法律で決まっており、社会制度のシステムに組み込まれています。

　同様に健常者が高齢化して、働くことができなくなると、「老齢基礎年金」や「厚生年金」などの「社会保険」の金銭給付が行われ、生活が維持できるようにしています。

6　公益事業の精神

「公益」とは、「国または社会の公共の利益」のことです。

　昭和から平成にかけて起こった福祉事業に関する、ある大きな事件を紹介します。

　C社は昭和の後半、H市で在宅介護の会社として創業されました。この地にはかつて炭田があって、多くの単身外国人が働いていました。閉山後は日本に残った人が高齢化してきたため、その高齢外国人の救済を目的に在宅介護事業をはじめました。その後、C社は日本で初めて24時間対応、夜間巡回事業などを取り入れ、順調に事業を拡大しました。

　しかし、**圧倒的なニーズと資金力で次々と事業を拡大していたかに見えましたが、じつは肝心の有資格者が集まらず、人員基準を満たさずに事業を行っていたのです。**不適切な介護報酬請求が発覚し、業務改善命令と事業の不許可処分を受けました。

　さらに悪質だったのは、就業していない人の名義を利用して申請し、認可を受けていたのです。理事長は逮捕され、軽井沢に別荘と個人で飛行機まで所有していたことが週刊誌で報じられ、大きな話題となりました。ずさんな経営によって、C社が行っていたほとんどの介護事業は大手企業が分割して引継ぎ、結局、C社は解散しました。

　そもそも介護業界では、慢性的に人材が不足している状態です。事業を拡大すれば、最初はベテランの人材が新事業に投入されます。すると新人

や無資格者に仕事の負担がかかり、離職するという悪循環に陥りやすいのです。

　福祉や教育などの公益事業の目的は利潤追求ではなく、利用者のニーズに対する適正なサービス、いわゆる「公益」の提供です。そこでは不正は許されず、誠実に事業を遂行していく姿勢が求められます。その戒めが次の言葉です。

天網恢恢疎にして失せず
<small>てんもうかいかい　そ　　　　しつ</small>

　老子（前4世紀ころ）の言葉。意味は、天に張る網は広くて一見目が粗いようであるが、悪人を網の目から漏らすことはない。悪事を行えば必ず捕らえられ天罰をこうむる。

　企業にも学校や福祉事業所にも、顧客満足の創造という目的があります。それを達成していくためには、**富や満足を生むべき資源を考え、ニーズをつくり出し活用しなければなりません。**モノ（建物・施設・土地）・ヒト資源（正規職員・非正規職員）を有効に活用し、運用する組織をつくりあげていく必要があるのです。

　そのためには、私利私欲にかられないことです。不正を働くと、必ず白日の下に晒されることになります。組織のリーダーは、誠実に仕事や人と向きあい清廉潔白に努める必要があります。

Ⅱ　マネジメント

1　マネジメントの理解

　マネジメントとは、**管理・運営**のことです。組織では、いろいろな職種の人が働き、役割分担をし、使命を果たしています。組織には「**マネジメント**」と「**ガバナンス**」が必要とされます。**ガバナンスとは、「組織の経営を管理監督する仕組みのこと」**です。そして、**マネジメントは、「管理する人をコントロールするだけでなく、集団の人々を生かし、組織の目的の遂行に向けて働きかけていくこと」**です。

＊

　市場には多様なニーズがあって、仕事が発生し、組織によって活動しています。そこにサービスと満足の対価が発生し、その交換により生活が営まれています。その組織をまとめているのが経営者や管理職であり、実際のサービス提供者が従業員・支援員などの労働者となります。

　事業をするうえで経営者は物的、人的な管理を行い、目的が達成できているかチェックし、不足があれば補充し、新たなニーズが発生したときには事業を拡げ、必要のなくなった組織は解体します。経営者はサービスを利用する人と、そこにかかわって働いている人との間に、いわゆる**ステークホルダー（直接的・間接的に影響を受ける利害関係者）の生活をつくっているといえます。**

マネジメントの役割は、目的達成のために、組織を管理・運営すること
と、従業員に対し動機づけを行い、リーダーシップを発揮していくことで
す。そして、組織ぐるみの不祥事を防ぐために、外部理事、第三者委員会
（苦情解決委員会）などを設置し、経営を監視する仕組みをつくっていま
す。これをコーポレート・ガバナンス（企業統治）といいます。これを効
かせることで、事業が適正に行われているか、経理などの不正が行われて
いないかを監視し、企業の所有者や株主、ステークホルダーの利益を最大
化していくのです。

＊

　組織のなかで情報が共有され、従業員同士のコミュニケーションができ
ていると、従業員がお互いに仕事の相談をしたり、技術的または心理的な
サポートといった部分で補完し合ったり、助け合ったりして、よい仕事が
できるようになります。

　**公益組織のガバナンスでは、利潤追求だけでなく必然的に「使命感」や
「熱意」が反映されます。そこで働く従業員たちは、その目的に賛同する
人たちが中心となり、「やりがい」は報酬の高さよりも、理念を達成して
いくための実践に使命感を燃やす動機になり得ます。ただし、設立当初は
その理念が認識されていても、年月を経て、創業時のメンバーがいなくな
るにつれて、徐々に従業員たちの理念が薄れていく傾向があるといわれま
す。**

＊

　介護や障害者福祉の分野では「ケアマネジメント」という用語が使われ
ています。介護保険の導入にあわせてアメリカのナーシングホーム（高齢
者向け福祉施設）のケア向上を参考にして、厚生労働省が「ケアプラン
（看護・介護計画）」の策定を推進しました。ここで、高齢者や身体障害
者、精神障害者など、福祉の支援サービスを必要とする利用者に対して、
効率よく調整・管理して提供するために「ケアマネジメント」や資格名の
「ケアマネジャー」という言葉が使われるようになりました。

福祉ニーズのある人に対して、生活状況をアセスメント（評価）し、必要なケアサービスをケアマネジャー（介護支援専門員）が計画し、この計画に従って訪問看護師やホームヘルパーなどが派遣され、実際の福祉サービスが提供されています。

なお、ケアプランに基づいてサービスや支援が問題なく提供されているか、定期的に評価・検証することを「モニタリング」といいます。

2　組織

（1）組織とは

経営学者のチェスター・バーナード（1886～1961）は、**組織を「二人以上の人々の、意識的に調整された活動または諸力のシステム」**と定義しています。システムとは、相互作用する諸要素の複合体であり、外界との境界線のなかにある「ひとまとまり」というイメージです。そして、このような組織が成立するためには、共通の目的、コミュニケーション、協働意志の3要素が必要だといいます。

また、心理学者のエドガー・シェイン（1928～2023）の定義では、組織とは**「ある共通の明白な目的、ないし目標を達成するために、分業や職能の分化を通じて、また権限と責任の階層を通じて、多くの人びとの活動を合理的に協働させることである」**としています。

組織は、ロシア人形の「マトリョーシカ」のように、上位のシステムのもとに、下位システムが階層的に幾重にも存在する形態を持っています。

（2）組織の構成と課題

組織は、ハード面とソフト面で構成され、組織マネジメントの課題について、組織開発の研究者の中村和彦氏は、次の6つが大切であるといいます。

① **目的・戦略**：その組織の目的は何で、どのような商品、サービスを市

26

場に提供し、いかに将来にわたって優位性を確保していくのかを明確にしていくことです。

「戦略（**ストラテジー**）」と似たような用語に「戦術（**タクティックス**）」があります。その違いは期間の長さで、ストラテジーは包括的で時間をかけて練るのに対し、タクティックスは、短期間で成果を収めるための戦術と考えられます。

② **構造**：仕事をどのように分け、部門や部署をどのように構成し、人々をどのように配置し、役割を割り当てていくのか、組織デザインにかかわる課題です。

③ **業務の手順・技術**：仕事や業務をどのように進めるか、仕事の仕方や手順を明確化し、共有・効率化する技術を考え、業務プロセスを改善していくための課題です。

④ **制度（施策）**：人材マネジメントを中心に、人々のモチベーションを高め、それぞれのキャリアを発展させるために、どのような制度を構築し、施策を実施していくかという課題です。

⑤ **人（タレント）**：個人の能力、スキル、リーダーシップ、意識やモチベーション、感情や満足度を高めることです。さらに、人柄がよく、周囲から信頼されていることは、とても大切です。

⑥ **関係性**：コミュニケーションの仕方、チームワーク、リーダーシップなどです。

　その組織が発展していくためには、これらの考え方がきちんと確立されていることが必要です（次ページの図1）。

　特に「組織は人なり」といわれるようにソフト面の「人（タレント）」や人間の「関係性」は、組織が円滑に機能するために、たいへん重要だと述べています。

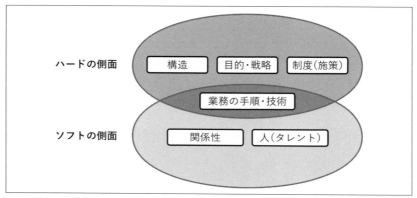

ハードの側面 構造 目的・戦略 制度（施策）

業務の手順・技術

ソフトの側面 関係性 人（タレント）

図1　組織の６つのマネジメント課題　出典：中村和彦『入門 組織開発』

（３）組織の働き

　日本が高度経済成長期を迎え、大量生産が行われていた昭和の時代には、社員は経営層や上司の指示に従って行動していました。上意下達のマネジメントが適していたのです。

　しかし平成以降、情報化社会を迎えてから環境の変化は著しく、製品やサービスの寿命は短くなります。顧客の選択肢が増えて満足感が重視され、企業競争が激しい時代となりました。

　このような時代にあって、企業が生き残るためにどんな組織をつくっていくべきかには、経営層や上司のマネジメント観が密接に関係してきます。「この仕事の目的は何か」、そのために組織は「どのように働いていくのが最善なのか」を考えていかなければなりません。上司自らのマネジメント観や価値観も点検する必要があります。

　組織がうまく機能していくためには、次の２点に配慮していくことが大切です。

① 意欲を引きだす 「動機づけ」を行う
モチベーション

　心理学では、「動機づけ」といいますが、一般的には「意欲」とか「やる気」といわれます。

それは、報酬や罰（アメとムチ）などの「外発的動機づけ」と、やること自体に興味関心がある「内発的動機づけ」に分けられます。

　しかし、心理的には必ずしも外発的・内発的と明確に分けられません。外部から命令されて実行しているうちに興味関心が高まり、内発的になっていくこともありますし、その逆もあるからです。

　たとえば、高校の部活などで、先輩から人が不足しているからと勧められて（外発的動機づけ）、ハンドボール部に入ります。最初は付き合いでイヤイヤながらやりますが、そのうちにハンドボールの面白さに気づき、フツフツと興味関心が湧いて、内在化してくる（内発的動機づけ）ことがあるわけです。

　また、コミュニケーションで重要なのは言葉だと思われていますが、言葉に添えられている「喜怒哀楽」などの感情が大きな意味を持っている場合があります。人は言葉を額面どおりに受けとめるだけでなく、言葉の裏にある意味を考えながら行動しています。

　たとえば、上司が部下に直接指導せず、「見て覚えなさい」ということがありますが、受け手の部下が、その言葉に上司の「期待」があると感じれば、「頑張ろう」という意欲が湧きますし、「放任」を感じれば、意欲は湧きません。

　日常の言葉と感情のやり取りで、人は多くのことを「学び」、人間関係を深めていきます。人の性格や意欲を見極めながら、動機づけをすることが大切です。

② ホウ・レン・ソウ（報告・連絡・相談）

　組織がうまく働くためには、「報告」「連絡」「相談」の3点が必要で、それらの頭文字をとって「ホウ・レン・ソウ」といわれます。仕事をしていれば、必ず問題が生じてきます。部下はそれを、「ホウ・レン・ソウ」によって上司とうまく調整しながら仕事を進めていきます。

　上司が指示命令などの情報を下ろしていくことを「**トップダウン**」といいます。トップダウンとは上意下達型で、上司からの命令や指示のとおり

に仕事をしていきます。この場合、途中で問題を見つけても自分には責任がないと思いがちです。また、結果が悪くても、上司の指示どおりに動いていたために、どこかに責任回避をする気持ちが生まれてきます。

逆に部下が上司に情報を上げることを「**ボトムアップ**」といいます。ボトムアップは下部からの底上げ型です。実際に第一線で働いている人たちから意見が生まれ、上に上がってきます。それを上司がくみ取って、業務の改善などに生かしていけばよいのです。

ところが、ボトムアップでは、現場が部下任せになってしまいがちです。そのため組織では、トップダウンとボトムアップ、両方のよい面を生かした**ミドルアップダウン型**が望ましいと思われます。

なお、組織では、このような垂直型（バーティカル）の指示・報告の関係だけではなく、横断的（ホリゾンタル）に従業員同士が情報のやり取りを行うことも必要です。

（4）組織の問題

組織に問題が起こったとき、その組織の真価が問われることになります。次のような事件がありました。

Ｉ食品会社の「ウインナー」に基準値以上のシアン化合物が混入していることが判明しました。じつは、工場の井戸の地下水が汚染されていたのを従業員は発見していましたが、その事実がわかってから、社長の製造中止の判断が下りるまでの１カ月間、工場はずっと稼働しており、ウインナーは出荷され続けていたのです。これは、社長の権限があまりにも強く、最先端で働く社員に責任のある判断が任せられていない、トップダウン型の経営者だったためでした。

*

パソコンによる電子メールが仕事のやり取りの主流になり、個業化が進んでくると、従業員が自分だけで解決しようとする傾向が生まれやすくなります。上司や仲間と相談して進めることが煩わしくなり、本来であれ

ば、対面でのコミュニケーションが大切なのですが、メールやメモ書きで用事を済ますことも多くなってきました。これは、文書として残るという意味で、よい面もありますが、人間関係は疎遠になります。

　また、成果主義が取り入れられてくると、同僚が互いに競争する立場になります。上司やほかのメンバーからのサポートがない状態が続くと、孤立感や孤独感もでてきて、うつなどメンタルヘルスの問題も起こりやすくなります。

　組織や従業員の問題を早く見抜くためにも、次のようなことに留意が必要です。

① 生き生きとしていない従業員がいる

　ストレスを抱えながら仕事をしている人です。仕事は、「できる」人に集まってきやすいものですが、それを断ることができないと、ほかの分掌の仕事まで押し付けられることがあります。その状況が続くと、だんだんに負担感が高まって気分が落ち込み、生き生きとできなくなっていきます。主任やリーダーは、職場全体を見渡して、仕事に偏りがないかを注意する必要があります。一つの目標に向かって、助け合える雰囲気をつくることが必要です。

　また、過集中傾向の人もいます。時間を忘れて長時間パソコンと向き合い、自分から切り上げるということができません。それが積み重なっていくと、いつか精神が疲れ、無気力状態になっていきます。時には、メンバー相互のコミュニケーションやイベントなどで気分転換を図ることも必要です。

② 利益偏重主義

　利益を重視するために顧客の満足度が疎かになりがちで、リピート客がありません。施設・事業所でも利用者が離れていきます。いまは儲けなくても次につながる対応をすることは、将来にわたって利益をもたらしてくれる人をつくることになると、考え方を改めるべきです。

③ 仕事が個業化する

　割り当てられた仕事を1人で抱えていることは、協働を困難にします。セクト主義になり組織に一体感がなくなっていきます。その人しかその仕事を担当していないと、電話での問い合わせでも、「現在、担当者がおりませんので、折り返し担当者から電話を致します」という対応になりがちです。ところが、利用者は、「どの部署であっても同じ施設（どの人でも同じ会社の人）」だと考えています。これは役所などでよく起こることです。

　たとえば、障害のある子どもを持つ親が、就学のことで市役所の部署を尋ねると、「こちらは地域福祉課なので障害課のほうに行ってください」とか、「教育委員会の学校教育課のほうに行ってください」といった対応になります。市民からすれば、どの課であろうが同じ役所だと思っています。相互の仕事を理解し、柔らかく「つないで」いくのが大切です。

　多くの企業でも、席が隣であっても課が違えばその間には深い川が流れています。これではよい組織とはいえません。そのため近年では、ホリゾンタルな協働の大切さがいわれています。

④ 私的関係をだす

　たとえば、職場に「お仲間グループ」ができていて、同郷や出身高校、大学、サークルなどの先輩後輩の上下関係を職場にそのまま持ち込み、職場であるにもかかわらず、「ため口」や「呼び捨て」、後輩への「君呼ばわり」をするといったことです。本人たちは、気心が知れており、仕事がしやすい感覚を持っているのですが、周囲から見ると、とても気分が悪いものです。仕事の上では、公私混同しないことが大切です。

⑤ 言うべきことを言わない、言われたことしかしない

　二大銀行が統合されたとき、合理化のためにシステム部門の人員を大幅削減したために、ほどなくメンテナンス部分が弱くなり、ATMが動かない、海外送金ができないなどのシステム障害を起こしました。現場の行員からは、「メンテナンス体制が恒常的に要員不足」「お客様ではなく効率化優先の経営」といった声がでていましたが、経費のことを指摘すると、左

遷の憂き目にあいます。

　経営陣もシステムのことはわからないことだらけで、改善のために動くことができませんでした。また、それぞれ旧行員意識が強いため心理的に融合することが難しく、派閥意識を残したまま日常の業務が進んだことも、復旧が進まなかった原因の一つでした。

　これは縦割り意識が際立って強く、他部門に言うべきことを言わない形で根付いている「たこつぼ組織」のような状態だったと思われます。しかし追認あるのみで効果的な対策は行わなかったのでしょう。たこつぼ組織とは、自分の組織に閉じこもり、外部状況に対応できない組織のことをいいます。

　この銀行の問題は全体に通じる経営体制や組織風土にあると思われ、**有事を想定した被害の極小化に必要な取組みなどを十分に洗い出さずに、人員配置転換や維持管理の経費削減などの見てくれだけの構造改革を推進していたのだと思います。**監督庁は、度重なる改善命令をしたようですが、相変わらずシステム事故が続き、とうとう首脳陣が総退陣するに至ったのです。これは、合併によって合理化する部分の、改善すべきところの現場の声が、情報として経営者たちに上がってくることがなかったことと、組織があまりにも大きくなりすぎて、従業員も自分の仕事に専念していればよいと思ってしまったこと、組織の風通しが悪かったことなどが問題としてあげられます。

（5）人事

　職員の採用主体が法人であれば、基本的に異動は法人内となりますが、ほかにも割愛人事や出向人事などもあります。組織のマネジメントにおいては、人事のいかんによって組織が活性化したり、硬直化したりするため、人事は非常に重要です。

　企業が扱う経営資源は「ヒト、モノ、カネ、情報」とされますが、このうちヒトに関する仕事を行うのが人事となります。人事の仕事には、「人

材採用」「人材育成」「人材評価」「労務管理」「制度・環境整備」の5点があるとされます。

　企業や官公庁は、採用された年を基準にした年功序列の組織であり、ある程度のキャリアを積めば主事、係長、課長、部長と職階が上がっていきます。昭和の時代は、多くは前例主義で先輩後輩という序列が暗黙の上に、学歴が採用や昇進へ、それとなく結びついていました。「お役所仕事」という言葉があります。これには、官僚主義的組織化への警戒があります。

　組織は活動を効率的かつスムーズに進めていくために、ある環境を一定のものととらえ、その環境への適応力を高めようとします。そのことは環境が安定しているうちは問題になりませんが、絶えず環境が変化するような時代に入ると組織の硬直化を進めます。過去への過剰反応が、現在の環境との乖離を生んでしまうのです。そのような組織は柔軟性に乏しくなり、不活性化・硬直化します。先例があるため、各部署の職員は、よい提案であっても勝手に仕事内容を変えることは難しい立場にあります。

　経済学者の中島隆信氏によると、これを組織のイナーシア（慣性・惰性）といいます。メンバーの間に前例踏襲の悪しき官僚主義が横行するようになり、やがて組織としての有用性を失ってしまうと指摘します。そこで、人事が重要な役割を果たします。

＊

　日本では、学閥や年功序列により採用や給与・待遇などが決まってきました。戦史研究家の半藤一利（1930〜2021）は、学閥・年功序列の人事制度が根づいた理由について、次のような歴史的経緯を指摘しています。

　日本海軍には『軍令承行令』というものがありました。これは指揮権の継承序列を定めた法令です。人事考査にも影響を及ぼし、現在の実力よりも過去の軍歴がものをいう制度でした。明治維新後は「長州陸軍、薩摩海軍」といわれ、薩摩藩（現在の鹿児島県）出身者が海軍の中心派閥として権勢をふるっていたことに起因します。明治の終わり頃まで、同郷意識に

よる薩摩閥の縁故主義（ネポティズム）による横暴な人事がまかりとおっていました。こうした情実をなくすために、綿密な考課表システムとして海軍兵学校の卒業成績にもとづく序列制度が考案されたのです。

　序列主義システムは、平時の海軍にとっては有効であったとされます。しかし同時に、事務能力と上司の覚え次第で出世がきまるという、硬直した人事制度が固定化されることになりました。この制度は、その後の行政機関、企業の人事制度にも導入されていきました。いまでも「〇〇大学卒」という、人物より学歴の先入観で評価されているところもあります。管理職ポストに卒業順や出身大学を当てはめていくのは、人事考査がしやすい（何も考えなくてもできる）利点もあります。人物を評価することは、大変難しい作業なのです。

＊

　しかし、福祉や教育の現場では、国家資格の「社会福祉士」「保育士」「看護師」をはじめ教員免許状でも「普通免許状」「専修免許状」や学会認定の「〇〇士」といった専門的観点から処遇されるのが筋です。学会資格や民間の資格も増えてきました。資格取得と同時に同じスタートラインに立つのですから、学校を卒業してもさらに自己投資し、専門性を向上させている人を正当に評価し、地位や待遇を与えていくべきだと思います。

　特に昇進や人事異動に関しては、周囲も敏感になりがちです。そのため、組織としては、キャリアアップや昇格などに必要な基準の情報を全職員に開示し、資格や実績などの結果を人事や待遇に公平に生かし、ほとんどの職員が納得できる組織運営を心がけることです。それが事業の活性化に向かうと思われます。公正な人事には誰でも納得できるような人事考査が必要ですし、人事担当者には、人となりを見抜く力が求められます。

（6）稟議書（決裁文書）

　稟議とは、会社・官庁などの組織において会議の開催時間を減らすため、担当者が案件を作成し、関係者が閲覧・捺印し、それぞれの同意と承

認を求めることをいいます。「稟」とは「申し出る」、「議」は「相談する」という意味です。稟議書によって、「所属長」が「決裁・承認」することになります。決裁とは権限のある人が提案の可否を決めることです。

　原則として、組織活動の意思決定は会議による合議制で行われますが、印鑑を押すことで、最終的な責任は所属長になります。稟議することによって、関係者に情報が共有されますので、あとで「知らなかった」とはいえなくなります。結果責任は、一蓮托生にもなりますので、責任のなすり合いはなくなるでしょう。

＊

　稟議制は、部下が企画書を作成し、それを上司に認めてもらうために回覧決裁する形式でもあります。組織の末端の従業員の創意が採用されるということですから、上司となる者は部下に対する心情的な理解力、受容力、包容力を持つ人がよいとされます。

　優れたリーダーは、いかに部下を人格的に惹きつけ、うまく集団をまとめ、その全能力を発揮させるかというところに力を発揮します。**責任は全部引き受けるという胆力や包容力があるリーダー**は、その魅力に部下たちが惹かれ、「この上司のためには、よい成果をあげて面目が保たれるようにしなくてはならない」と思わせることができます。上司は部下に対して保護・温情を与え、部下は上司への依存・忠誠によってこたえるという人間関係があります。部下を受容するという関係ですから、部下の言い分、希望を受け入れる度合いが大きいのです。包容力が大きいほど、多くのよい部下を持てます。

　管理職、上司などの役職が上位にあるリーダーやボスは、たいへんな権力を持っているように思われがちですが、じつは欧米社会のリーダーに比べて、日本のリーダーは権限を制約されていることが多く、みんなで責任を分かち合う傾向にあります。この特徴があらわれているのが「稟議制」であり、よくも悪くもそこに押印される「印鑑」といえます。

（7）会議

　会議には、その目的に応じて「ミーティング」「ブリーフィング」など種類がありますが、多くは「意思決定会議」です。これは、組織としての最終的な決定のために行われます。会議は、同時性コミュニケーションの場ですから、これを疎かにしていると、会議は終わったのに、曖昧な共通理解のまま方向性がはっきり定まらないことになりかねません。不活発な会議では次のようなことがあるとされます。

① 効率が悪い

「そもそも論」が多く、必要以上に時間をかけすぎる。ひと月の会議の数が多い。リーダーに決断力がないため、ちょっとしたことでもメンバーを招集する。

② マンネリ化・形骸化

　話し合いが実質でなく、単なる承認の場や報告会になってしまっている。例年どおりで結果がわかりきっている。

③ 討議内容が煩雑

　各部署のまとまりがない。後々、責任論がでてこないように実績づくりのために行っている。

④ 雰囲気が悪い

　重箱の隅を突ついたり、粗探しをしたり、提案者に嫌がらせをしたりする。反対のための論議が多い。居眠りなど参加者に発言意欲が認められない。また、自己主張が強いメンバーが多くてまとまらない。「船頭多くして船山に登る」状態である。

　このような会議が常態化しているようであれば、問題を解決する方法を考えたほうがよいでしょう。そのための方策として、特に「本会議」前に素案を検討する小会議の段階で、次の３点を組み込むようにします。

① 創造的思考

　部下が考えたアイデアを事前に上司に伝え、自分の考え方と上司の考え方を擦り合わせておく。自分の意向やアイデアに沿って、それを提案する。

② チーム学習

　話されている内容について学ぶことを「シングルループ学習」、その内容を話す過程で仕事の仕方や話し合いの進め方を学ぶことを「ダブルループ学習」という。会議をとおして、メンバーたちのアイデアを聞き、お互いが知識を高め合うようにする。

③ 将来のビジョンや目標の合意を持つ

　目標やビジョンを明確にし、メンバー同士が共有する。メンバーの仕事の進捗状況を見える化する。

　「意思決定」の会議に先立って、提案する前の原案を作成する小会議があるのが普通です。それは、「課」や「分掌部」ごとの会議となりますから、最初の提案者の素案が十分に審議されます。ここで検討されたものが主任レベルで構成される「運営会議」にかけられ、「本会議」で提案されます。そして、一括して「所属長」による「決裁」が行われます。

　定例会議は、会議の最初の段階で「議事規則」により、その会議の成否について、「委員何人中何人以上の出席が求められる」ことが決められています。そして、議事録署名人を指名します。手続きに瑕疵のある決定は無効であるという考え方です。

　会議の場では、議長の権限が大きく、最も年齢の高い、いわゆる長老やナンバー２の立場の人が会議を仕切ることが多いものです。しかし、それは前例追認や事なかれ主義になりがちなので、注意が必要です。そのためにも、確認のための説明を求めたり、今後のために検討しておいたほうがよいことを明確にしておくことや、自分の所見を述べておくことが必要です。

3　公益事業のマネジメントとガバナンス

（1）社会福祉法人

　社会福祉法人は社会福祉事業を行うことを目的として設立されます。その事業は『社会福祉法』に規定され、＜第1種社会福祉事業＞と＜第2種社会福祉事業＞があります。保育所（園）も社会福祉事業となります。

　＜第1種社会福祉事業＞とは、特に利用者への影響が大きいため、経営安定を通じた利用者の保護の必要性が高い事業です。児童養護施設や障害者支援施設などが当てはまります。

　＜第2種社会福祉事業＞は比較的利用者への影響が少ないため、公的規制の必要性が低い事業です。たとえば、保育所や放課後等デイサービス、保育所等訪問支援などが当てはまります。

＊

「社会福祉法人」は、「社会福祉を目的とする事業（第1種と第2種)」「公益事業」「収益事業」の3つの事業を行うことができます。「公益事業」とは、子育て支援施設、有料老人ホームなど、「収益事業」とは、貸しビル、駐車場、公共的な施設内の売店の経営などです。県の広域に事業があるときには都道府県知事へ法人格の届出・認可が必要です。市の区域を越えない場合には、該当市となります。

　法人には、次のようなメリットがあります。

1．施設整備に対して一定の補助を受けることができる
2．法人税、固定資産税、寄付等についての税制優遇措置が受けられる
3．国家公務員の給付水準に準じた退職金制度が設定されている

　デメリットとしては、重大な物事を決めるときには、理事や評議員に諮る必要があり、事業展開のスピード感に欠けることです。

　経営上の意思決定は、公益事業を行う社会福祉法人は「理事会」が行い

ます。企業の「取締役会」にあたるものです。

＊

　理事（役員）や評議員の選出について特段の決まりはありません。関係者たちで寄付行為（定款）を定め、それに従ってマネジメントすることになります。

　多くの学校法人の理事は、理事長の知り合いや、各種団体の代表者です。そもそも理念が異なる人は、理事にはなりません。理事は理事長の意向に添う人のほうがよいと思われますが、馴れ合いになってしまいがちなので、注意が必要です。

　「理事会」の上に「評議員」が置かれています。評議員は、法人全体の高所に立って、運営が逸脱していかないように見ていきます。そのためにも、外部役員の存在が必要になってきます。

　実業家の原 丈人氏は、内閣府参与や財務省参事を歴任した経験から、**社外取締役（役員）**について次のように挙げています。

【必要な条件】
職業的倫理、公平性、客観性、専門性、多様性、会社愛と業務内容の理解があり、従業員に倫理的教育を行う際に手本になり得る人物であること
【社外取締役を兼任してはならない人】
キングメーカー、評論家、警察官、イエスマン

　そのうえで、責任を持てない判断や行動、理解が及ばない社内の問題について一線を越える判断や行動は慎しみ、真の意味での企業統治に寄与する存在でなければならないといいます。

（2）マネジメントとガバナンス

　マネジメントは、「**管理する人をコントロールするというだけでなく、集団の人々を生かし、組織の目的の遂行に向けて働きかけていくこと**」で

す。このためには、経営者が「事業運営の透明性の向上」と「地域における公益的な取組」を従業員に啓発していくことが大切です。

　ガバナンスとは、「組織の経営を管理監督する仕組みのこと」ですので、外部理事や評議員をきちんと機能させていくことです。

　平成28（2016）年に『社会福祉法』の一部改正があり、ここで重点化されたことは「経営組織のガバナンスの強化」「事業運営の透明性の向上」「財政規律の強化」「地域における公益的な取組」などでした。これまでの社会福祉法人は、同族経営が行われている場合があり、それに対する批判もありました。また、理事長はじめ理事、監事など多くの役員は地域仲間や同族で、ワンマン理事長の「鶴の一声」で物事が決まることがありました。

　さらに、国からの補助金や運営費なども「どんぶり勘定」であることが多く、役員の報酬なども不透明なところがありました。そんなこともあり、国（省庁）としては、ホームページ等での「情報公開」を求めたのです。これには、インターネットの普及がたいへん役に立ちました。

　法改正により、NPO法人や株式会社にも福祉の仕事が開放されました。株式会社等の異業種が参入しやすくすることで、それまでのぬるま湯体質を変えざるをえない状況になったのです。これで、福祉サービスが向上し、競争が働くと考えました。

＊

　社会福祉法人の事業計画では、法人の基本理念を明示し、基本方針を立て、事業内容を明記することが必要になります。公正の観点から税制面での優遇がある「社会福祉法人」と、NPO法人や株式会社の違いを強く打ち出さなくてはならなくなり、社会福祉法人には「地域における公益的な取組」が、より強く求められてきました。

　さらに、理事長が代替わりしていくにつれて、経営トップより現場職員のほうが豊富な専門知識を持つようになり、力関係の逆転が生じます。労働組合と法人は、本来は緊張関係にあるものですが、長年にわたって同じ

人物が組合の役員を続けていると、部下が上司になり、逆転の関係になりやすいのです。新しい方向へ進もうとしても現場が抵抗し、組織の統率が取れなくなる事態も発生しやすくなります。

　こうなると「糸の切れた凧」状態となり、組織のメンバーが自分や仲間の利益だけを考えて行動するようになります。次々と仲良しグループや派閥ができ、不祥事が起きる温床にもなっていきます。

（3）理事・評議員

　平成28（2016）年の『社会福祉法』の一部改正による社会福祉法人改革で、これまで全理事の２／３の出席で理事会が成立していたものが、理事５人の過半数の賛成があれば、理事会が成立するようになりました。経営での全責任は理事長となります（最悪の場合は財産を差し出す）が、理事の立場ではそれほど強い責任が生じるわけではありません。

　しかし、理事の「善管注意義務」は強まりました。それは、理事の能力や社会的地位などから考えて通常期待される注意をもって当たる、ということです。稟議書も、十分な確認作業を行わず安易に印鑑を押すのではなく、きちんと内容をチェックしなければならないという注意義務がより強く求められるようになりました。

＊

　経営を安定させるためには財務規律を強化していくことも求められます。そのためには、次の７つの視点から法人の実態を見ていくことが必要です。

　１．一年以内に換金できる財産（現金、預金等）
　２．換金に時間がかかる財産（土地等）
　３．目減りする財産
　４．万が一に備え蓄えている財産（定期預金等）
　５．一年以内に支払いを要する負債

6．時間をかけて支払えばよい負債

7．財産－負債＝正味財産

　経営組織については、改革以前は理事会の役割が強かったものの、改正によって評議員会の権限が強まり、お互いが緊張感を持って接することが必要となりました。

　理事会の仕事と役割は主に法人の職務執行に当たることにあり、評議員の役割は正常に施設等が運営されているのか、監視することです。これにより、ガバナンスが強化されます（図2）。

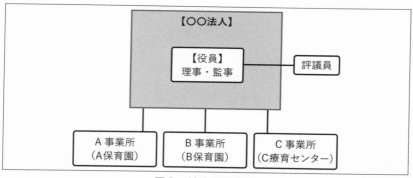

図2　法人の組織図

　理事会の法定決議事項には、「理事長及び業務執行理事の選定、解職」「重要な財産の処分、譲渡受け」「従たる事務所その他の重要組織の設置、変更、廃止」「予算、事業計画の承認」などがあります。

　評議員会は基本的には無報酬での委任契約です。理事会からの議題に基づいて基本事項を審議します。新たな議題については、4週間前までに提案しなければなりません。

　評議員会の法定決議事項には、「理事、監事、会計監査人の選任」「理事、監事の報酬等の総額の決定」「解散や合併の議決」「社会福祉充実計画の承認」などがあります。社会福祉法人の役員は、比較的安価な報酬で責任を担っていますので「公益」であることが強く求められます。

＊

　優れた理事（役員）・評議員の資質として、次の３点が挙げられます。

① 理事長の頭脳を補う助言ができること

　理事長の考える方向について適切な助言ができることです。そのためには、計画立案や決断のために情報を集め、分析し、公正な判断を下し、適切に問題点を指摘する必要があります。

② 各部署がうまく機能しているか、職場状況を見て、改善等を指摘できること

　情報収集をするためにも、従業員との雑談等もできる人柄がよいと思われます。威厳があり過ぎると、周囲の方は「当たらず触らず」のかかわり方をします。裸の王様にならないように気をつけることです。

　理事は、理事長に対し強く意見するため、人間関係にも影響を及ぼすことが考えられますが、問題点を論理的に指摘できることは、その組織が生き残っていくためには必要なことです。不都合なことでも、改善点を指摘できることが必要です。

③ 事業の将来の推移を察知する能力を有すること

　理事は、社会経験が豊富で、能率と常識とを発揮でき、バランス感覚に優れた明晰な頭脳を持っていることが大切です。

＊

　法人の会計監査に長年携わってきたある経営コンサルタントが、「**福祉事業では、儲からない仕事も当然ある。すべてが儲かるような仕事は、福祉事業にはない。プラスの事業もあれば、マイナスの事業もある。凸と凹が合致して一つの四角の形になればいい。儲からない仕事もしていかなくてはならないのが社会福祉法人である**」という話をしていたことがあります。

　確かに利用者の人数が少なくなれば、経営的にはマイナスで儲からなくなりますが、一方で人数減少によって、個別のニーズに目が向くようにな

り、サービスの向上につながります。人数が多いと支援費などの収入は多くなりますが、忙しいことによって事故やミスも多発します。ほどよい規模に収めて、地域サービスのニーズをとらえていくことがいいでしょう。

　福祉や教育の成果は、すぐには結果がでません。長い時間をもって地域に貢献するエンドレスな事業です。儲からない仕事であっても、赤字を出さない程度に公益のため実直に役割を遂行していくのが福祉施設の使命なのです。

　もちろん、次の事業展開や施設の建て替えのために蓄財もしなければなりません。それは「儲け」「利益」ではなく「**内部留保**」と考えます。次の事業のためのお金の積立であれば認められます。福祉や教育の仕事は人的パワーこそ財産なので、非営利の法人は利益を必要以上に溜め込まず、職員に還元するのがよいと思われます。

　そして、地域に福祉ニーズが無くなり、法人が解散ということになれば、財産は処分され、国に返還されます。

人は城　人は石垣　人は堀　情は味方　仇は敵なり

　武田信玄（1521〜1573）の『甲陽軍鑑』（軍学書）から。信玄は城らしい城を持たなかったとされる。なぜなら、事業に大切なのは人だからである。人を信頼してこそ、人は尽くしてくれるものだ。

（4）マネジメントの課題

　施設や学校の組織のマネジメントがうまく機能していくためには、その組織内での規則を守っていく必要があります。職場には「就労規則」があり、それに基づいて仕事が行われます。組織運営のために、「分掌」で年間の役割と担当者が決められています。施設の場合は「業務分掌」、学校ならば「校務分掌」です。目標を設定し、年度末には反省会を行い、達成度について評価します。課題として挙げられたことは情報を共有し、次年

度に生かすようにします。いってみればこれは、P（プラン：計画）、D（ドゥ：実践）、C（チェック：評価）、A（アクション：改善）のPDCA評価サイクルの実行です。実施要項の提案や細かい修正・改善などは職員会議で随時行われ、全体的な共通理解を図りながら事業が実行されていきます。

　事務部では、職員の人件費と勤務時間・有給休暇等の管理、施設を日常的に維持していくための光熱・水道・事務用品などの日常経費の事務管理を担当しています。

　それに対して事業部の仕事は、利用者への実際の支援とサービスの提供です。学校の場合には、子どもへの実際の「学習指導」と「生活指導」、地域との連携活動となります。

＊

「就労規則」に違反した場合には、分限処分や懲戒処分が行われます。

**　公務員や公立の教員（教育公務員）は公務員法（『国家公務員法』『地方公務員法』）により身分が保障されているため、意に反して、降任、休職、免職、降給されることはありません。**

　また、法律に定める事由による場合でなければ、懲戒処分を受けることはありません。このような身分保障は、職員の身分を安定させることにより、行政の継続性と安定性を確保する見地から設定されています。

分限処分：公務の能率を確保する目的として行われる処分で、免職、休職、降任、降給の４つが定められています。

懲戒処分：職員に一定の義務違反がある場合に行われる処分で、戒告、減給、停職、免職の４つが定められています。このほか、職員の義務違反の責任を問うものとして一般に訓告、諭旨免職等があります。

　また、軽い処分には譴責処分というものがあります。これは、職員から始末書、顚末書などを提出させて、厳重注意する処分です。

　さらに、注意を促すために「コンプライアンス」を遵守することが求め

られています。これは、「法令遵守」というだけでなく、社会的ルール、倫理を守るという意味も含まれています。

日頃から、ステークホルダーの人たちとコミュニケーションを取っておくことで、信頼感を育むことができます。信頼感があれば、危機的な状況に陥っても、誰かが知恵を貸してくれるものです。管理者は、施設や個人に不幸な状況を出さないように職員に対してコンプライアンス遵守の注意を促しておくことが大切です。

そのほか、監督官庁の監査が年に数回実施されます。そこで不備があれば、書面で指摘されます。その対応についても、行政の担当者と相談しながら進めることで、たいていは解決します。

4　関連法令・制度

「法令」とは、「法律」と「命令」をあわせたものを指します。

国会で成立したものが「法律」で、それに基づき行政機関が制定するものが「命令」です。「命令」には種類があり、効力が強い順に、内閣が制定する「政令」、各省庁が制定する「省令」、地方自治体が制定する「条例」などに分けられます。日本では通常、政令と省令がワンセットで定められています。

わが国では、『日本国憲法』の第25条「すべて国民は、健康で文化的な最低限度の生活を営む権利を有する」で示されるように、誰もが生存権を保障されています。それを受けて、具体的に実現していくための下位法として『社会福祉法』『児童福祉法』『教育基本法』『学校教育法』があり、この法律に従って、国が責任を持って施策を実行していくことが規定されています。

＊

また、都道府県レベルで行うべき具体的な内容が、『社会福祉法施行令』と『児童福祉法施行令』で規定されています。

さらに、市町村の地域福祉課や施設ごとで行うべき内容が、『社会福祉法施行規則』と『児童福祉法施行規則』に規定され、上位法から下位法へと階層的に定められています（図3）。

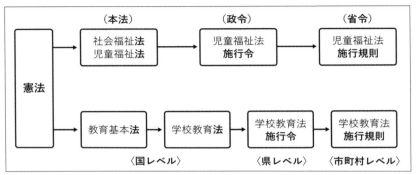

図3　法体系のピラミッド（法令の力関係）

　『国家行政組織法』には「告示」「訓令」「通達」があります。これは、行政内において効力を持つものです。

「**告示**」：各省大臣や委員会と庁の長官が、指定・決定などの処分事項について、一般に公に知らせること。
「**訓令**」「**通達**」：上級官庁が下級官庁や職員に対して命じ、または示すこと。

　『児童福祉施設及び運営に関する基準』には、基準を定めた目的として、「第2条　（前略）児童福祉施設に入所している者が、明るくて、衛生的な環境において、素養があり、かつ、適切な訓練を受けた職員の指導により、心身ともに健やかにして、社会に適応するように育成されることを保障するものとする」とあり、以下、施設運営に関して遵守すべき基本的な事項が定められています。そして、施設長や児童指導員に関する資格要件も定められています。「基準」とは、法令ではないものの、最低限満たすべき義務的ルールのことです。

＊

　平成15（2003）年に障害福祉サービスの改革が行われました。その改革のポイントは、利用者本位と多様な福祉ニーズに対応するために「措置制度」（運営費）から「支援費制度」（契約）へ見直しが図られたことです。これは、福祉制度にとって大きな改革でした。

　平成18（2006）年には、『障害者自立支援法』に移行し、その後、平成25（2013）年に名称が『障害者総合支援法』となりました。

　それまで、国や県は、福祉施設へ定員に比例して運営費を給付していました。それを、利用者の契約数とサービスの質に応じて、支援費を給付することにしたのです。それまで一律の固定的な運営費によるサービスだったものが、利用者のニーズに応じた多様なニーズを提供できる施設は、その分多くの支援費を獲得できるようにしました。これによって、多様な福祉ニーズにこたえ、施設間の競争が働くようにしたのです。

　その改革の波は、保育所等にも及び、それまで保育所は市町村が運営の主体となってきましたが、この頃から市町村の財政改革で、民間への管理委託がはじまりました。

　ところが、緊縮財政の市町村が保育士の新規採用を控え、人件費の削減をしてきた結果、保育士の臨時採用や契約の１年更新、派遣保育士が増え、保育園や施設の運営管理を担う人材が育たないという結果を招きました。正規職員の中堅の保育士、職員が少なく、時間給で働く、所得・身分や処遇が不安定なパート保育士や派遣職員が増えたのです。

　さらに、臨時職員は何年経ってもキャリアアップするでもなく、新しい職場では新人同様に扱われるので、身分もプライドも不安定な職業として認知されるようになっていきました。

　そこで、厚生労働省は平成29（2017）年から「キャリアアップ研修」を導入し、保育士のキャリアパスを明確にし、研修を受け専門性や資質を向上させることと連動し、それに見合う処遇や給与を保証することとしました。

さらに、令和の時代に入り、給料や処遇改善の手当てがでてきました。

一方で、平成4（1992）年『国民生活白書』で、「少子化」という言葉が使われましたが、それから時が経ち、令和4（2022）年の出生数は80万人を割りました。少子化傾向に歯止めがかかりません。政府による少子化対策が喫緊の課題となってきました。

5 専門機関との連携・協働

就学前や特別なニーズを持つ子どもの支援を、どの機関が行うかという問題があります。

児童発達支援センターや事業所では、相談事業に力を入れてきました。福祉サービスのおおもとになる「個別の支援計画」の策定をし、継続的な「療育」を提供するのです。

これから必要とされる就学前の子どもへの支援は、小・中学校同様に保育園、幼稚園、認定こども園でも特別支援教育（保育）コーディネーターを配置し、園としての発達支援の専門性を担保し、財政的に裏付けられれば、飛躍的に発展充実していくものと思われます。

今後、このような事業が進展するためには、市町村の首長が「療育センター」を常設するという決意が問われます。さらに、保健・医療と保育・教育関係との協働です。いずれにしても国・県レベルから明確な事業構想・計画と財政、スタッフ配置の裏付けがなければできないことですが、市町村レベルで民間事業所とも連携し、積極的に進めていくことが望まれます。

さらに欠かせないのが、コーディネーターなどの専門員が重視されるということです。特に大事なことは、各機関に「つなぐ」継手となるネットワークの構築と担当職員です。今後はキャリアを積んだ、人間的にも信頼の厚いコーディネーターがいろいろな機関の方々から信頼を得て、幼稚園、保育所等の連携の要となっていくと思われます。「放課後等デイサー

ビス」に加え、「保育所等訪問支援」サービスをする事業所も増えてきています。

「保育所等訪問支援」事業は、平成24年の『児童福祉法』改正によって創設された支援サービスです。保育所等に通う障害のある児童について、通い先の施設等を訪問し、専門的な支援や支援方法などといった指導等を行います。保育所、幼稚園、小学校、特別支援学校、認定こども園、放課後児童クラブ、その他児童が集団生活を行う施設に通う障害のある児童に対し、居住する市町村への親からの申請によってサービスの利用が可能となりました。インクルージョン推進を目的とした地域社会への参加を進めるための「アウトリーチ型」の施策に位置づけられ、担当者は、支援に関する知識及び相当の経験を持つ児童指導員、保育士、理学療法士、作業療法士、心理担当職員等です。

　しかし、各施設や事業所では、「親の申請」によるサービスだけでなく、「施設等の申請」も加え、さらに拡充してほしいと願っています。

＊

　余談ですが、特別支援教育を専門とする明星大学の星山麻木教授から幼児教育の課題を教えていただいたことがあります。そのときに挙げられたことの一つ目は、特別な支援を要する子どもへの早期介入（EI：イアリー・インティベーション）、二つ目は制度的な個別家族支援計画（IFSP：インディビィジュアル・ファミリー・サービス・プラン）ということでした。アメリカ留学の経験から、**欧米では発想を転換し、個人の属性である「障害の判定ではなく」、個人に必要な支援の質と量を明らかにすること、「特別な教育的ニーズ（SEN：スペシャル・エドゥケーショナル・ニーズ）」を査定する**ようになっていることを教えていただきました。

　そのような仕事を担うのが、特別支援教育（保育）コーディネーターで、いろいろな機関とつながり、連絡調整をすることになります。

Ⅲ　リーダーシップと組織

1　リーダーシップの理解

（1）リーダーの役割

　ある一定の目標達成のために個人や集団に対して行動を促す「指導力」「統率力」のことをリーダーシップといいます。これは経営者や管理職が持つべきスキルとされがちですが、本来は全ての人が備えているべきスキルと考えられます。

　リーダーは、「見えないもの」を見て、地位や肩書きではなく、人々の価値観や感情に訴え、共感を得て、自分の目標（夢）とみんなの目標（夢）の同期化をつくりだします。

　リーダーに従ってあとに続く人をフォロワーといいます。組織がうまく機能していくためには、リーダーとフォロワーが必要です。

＊

　リーダーの人間的魅力について語った小説に、城山三郎（1927～2007）の『粗にして野だが卑ではない』があります。これは、5代目国鉄総裁として国鉄職員45万人の頂点に立った石田禮助（1886～1978）の話です。

　石田は静岡県出身ですが、当時は田舎者という意識が強くありました。しかし海外生活が長く、**容貌は威風堂々とし、臆することなく日本の政治家たちと渡り合いました。一方で自分のことを山猿といってはばからず、**

天然的素朴さがあったとされます。威張ることなく筋のとおらない話には、政治家に対しても首を縦に振らず、毅然とした態度で生きたといいます。自分なりの考える軸がきちんとしていたのだと思われます。上に立つものには、部下に対して公正さが求められると考えられます。

北条氏綱（1487〜1541）の言葉が「北条氏綱公御書置」にあります。**「その者の役に立つところをば遣ひ　役に立たざるところを遣わずして何れをも用に立て候を　よき大将と申すなり」**。これは、人間には役立たずはいないので、人を使う人はそれぞれの適性に応じた使い方ができるのが、よき大将である、ということです。人のよさを見抜く力のある人を「名伯楽」といいます。

じつは、「役」と「職」は社会からお借りしているもので、いつまでも恋々と未練を残すものではなく、いつかは組織に返さなくてはならないため引け際が肝心です。年齢とともに責任あるポジションに就くと、いろいろなグループ、派閥をまとめ、目標に向かって進めていくことが多くなります。どうしても上位のポジションに恋々とし、部下を支配したい気持ちになりますが、いつまでも余命はないのです。

＊

企業や施設・学校には長い間につくりあげてきた文化があり、これまでの経験や思考からはみでている意見を無意識に排除してしまう傾向があります。従来どおりに行えば余分なエネルギーもかからないため、前例を踏襲する傾向と集団の同調圧力によって、簡単には新しいことができない状況をつくっているのです。しかし、それは組織に勢いがあり、活気づいて上昇傾向にあるときはよいのですが、下降傾向にあるときは過去の成功に縛られることによって「座して死を待つ」ことになります。

そこで必要になってくるのが、新しいリーダー（ニューリーダー）です。**ニューリーダーの役割は、現状の打開策として考えた新しい「目標」を示すことが第一です。たとえば、それを任期中の「公約」として、それに至るプロセスをフォロワーとともに考え、共通理解するのです。そうす**

ることで、各々のフォロワーの行うべき行動が明確化できます。これは、施設や学校でも同じです。サービスを向上させていくという考えを、フォロワーである施設職員や教職員がともに持つようにするのです。

帝王の業、草創と守成といずれが難き

唐朝2代皇帝で国の基盤を確立した大宗・李世民（598～649）の『貞観政要』より。北条政子（1157～1225）と徳川家康（1543～1616）が熱心に学んだとされる。最初に事業をはじめるリーダー、それを引き継いで事業を継続していくニューリーダー、いずれも難しい舵取りが求められる。

---

*

平民宰相といわれた原敬（1956～1921）の座右の銘に「宝積」という言葉があります。これは、徳を積むという考え方です。毎日、自分の決めたよいと思われることを、1ミリ、1センチでもいいから前に進むように実践する。それを日々積み上げると、1年経てば大きな仕事になります。100人の職員で実践すれば、膨大な実績になるでしょう。

そして、リーダーは長い間、その組織に君臨するのではなく、環境の変化にあわせて新たなリーダーを育て上げることが大切です。だいたい一人のリーダーが、やり遂げられることは3～5年で尽きます。それ以上は、いてもいなくても同じような状況となりがちです。そうなる前に、次のリーダーに事業を託していくことで、組織は活性化が図られます。

トップリーダーは、その組織が不要となったときには、組織やシステムそのものを壊す役割も担わなければなりません。そのため、トップリーダーは時代の先頭を走ることが必要であるとされます。組織の置かれている環境、状況を見ながら、その組織がいまのままでいいのか、何かを変えていったほうがいいのか、リノベーションを行うタイミングをとらえるので

す。それが見えてきたときに、リーダーは組織を変革していく意思を持つことができます。

＊

　さらに、城山三郎は、『落日燃ゆ』で太平洋戦争末期の日本の文民首相・広田弘毅（1878〜1948）の生き方を書きました。広田は太平洋戦争を望まず反対していたにもかかわらず、戦争末期には首相となり極東裁判でA級戦犯として死刑となったのです。公の場で弁明はせず、その凛とした潔さにリーダーとしての強さを感じさせました。

　その広田の座右の銘が「物来順応」でした。時代には流れがあり、その流れにのって人々は生きています。好むと好まざるとにかかわらず、時代が人を求め、人は時代の流れに翻弄されながらも生きるのです。広田にとっては理不尽、不合理な生き方を強いられたのでしょうが、「（首相は）あなたしかいない」といわれ、時代の求めに応じて生きたのだと思います。それは「即天去私」の心境だと思います。そういうリーダーでありたいという一つの事例です。

＊

　紫式部の『源氏物語』の世界観に、「宿世」という運命をあらわす言葉があります。話の底流にあるのは、「人はあらかじめ定められた運命に導かれている」という、「宿命」とも言えるものです。自分の身に起こる出来事を「生前からの縁や運命だった」と感じて受け入れるのです。

　過去を振り返れば、さまざまな出来事のつながりで現在に至っています。いつの間にか自ずと仕事のポジションが決まり、仕事をしている自分がいるものです。自分の力だけで、ポジションは決まりません。必ず「推挙」してくれる「天の人」（上司）がいます。人事などで、天から声がかかれば、「仕（事）合せ」だと思います。

　また、リーダーの資質について、「六韜の教え」があります。これはいつの時代であっても、リーダーのあるべき姿として参考になります。

六韜の教え

　戦国時代、武将によく読まれていたのは中国の兵法書『孫子』『呉子』『六韜・三略』の武経七書。孫武（B.C.543〜B.C.495）が著した『孫子』では「彼を知り己を知らば、百戦あやうからず」、将の将たる人間は「智（知恵）、信（信頼）、仁（思いやり）、勇（忍耐と恐れない）、厳（けじめ）」のある人とされた。

　太公望呂昌（B.C.1021〜B.C.1000頃）が著した『六韜・三略』とは、韜は弓や剣を入れる袋のこと。ここでいう韜は、「文韜、武韜、龍韜、虎韜、豹韜、犬韜」の六つの巻を指す。

　六韜は問答形式の書で、将には「五材十過」ありとしている。五材とは「勇・智・仁・信・忠」五つの条件、十過とは以下の十の気をつけねばならないこと。

一、勇敢すぎて死を軽んじてはいけない

二、性急に前後をわきまえず即断してはいけない

三、部下のものを取り上げ、自分の利益のみを考えてはいけない

四、思いやりの心強く、決断ができなくてはいけない

五、いざというときに臆して、実行できないのはいけない

六、軽々しく誰でも信用してはいけない

七、包容力が無く、侮辱されてすぐ怒り出すのはいけない

八、頼りがい、責任感がないのはいけない

九、自信過剰で、自分でやらないと気がすまないのはいけない

十、なんでも人に任せることではいけない

（2）参謀

　リーダーが組織のためにリーダーシップを発揮するには、優れた参謀の存在も必要です。参謀は、ナンバー２やマネージャー、ミドルリーダーと

されます。

　戦史研究家の半藤一利は、近代の日本の軍隊は、日本型リーダーシップを確立し、意思決定者が誰であるか見えなくして責任の所在を何となく曖昧にしてきたといいます。参謀役に責任を持たせなかった理由は、責任をとらせると、うろたえたりいじけたりして、自由な発想が阻害されるためであり、参謀の本来の役割は、斬新な作戦構想を練ることであると考えれば、その作戦を採用した指揮官（トップリーダー）が全責任をとるシステムがよいとされたからです。参謀は、役割が何かを熟知し、目的を終えたら引け際を誤らないことが大切だとされます。

　リーダーの下で働く優れたマネージャーは、上から下りてきた目標を、与えられた手順で部下を使って達成していきます。それだけでなく、優秀なマネージャーは、本人が会社を留守にしていても組織がきちんと動く仕組みをつくり上げるのです。

＊

　黒田官兵衛（くろだかんべえ）（1546〜1604）は豊臣秀吉（とよとみひでよし）（1537〜1598）の天下統一を支えた軍師・参謀（ナンバー2）として有名です。黒田は播磨国（はりま）（兵庫県西南部）の家老職の家に生まれました。下克上の世に秀吉と出会い、実力さえあれば出世できる時代でした。官兵衛は弁舌に優れ、対外折衝で能力を発揮し、縁の下の力持ちに徹しました。秀吉の全国制覇に一身を捧げる人生を送り、主人を差し置いて前面に出ることはありませんでした。

　秀吉の天下統一後は表舞台から姿を消します。分（ぶ）をわきまえていたのでしょう。この生き方は次の中国の諺（ことわざ）を意識したとされます。

狡兎（こうと）　死して走狗（そうく）　烹（に）らる

　敵国が滅びると軍事に尽くした功臣は邪魔者として殺されるさま。黒田は早々に秀吉へ隠居願を出し、軍師の心得を考えていた。

息子の黒田長政（ながまさ）（1568〜1623）は、江戸時代に入り、福岡藩祖となり、「黒田如水教諭（じょすい）」を家訓として著しています。如水とは官兵衛のことです。現代語訳は、次のとおりです。

「家老は下に対して居丈高（いたけだか）で無礼な態度をとってはいけない。言葉もかけないようになると、下の者たちは家老との距離が遠くなったように感じ、お互いの心が離れるだろう。意思の疎通に欠ければ、家老の側も彼らの善意そして得手・不得手な分野もわからないため、不得手な用向きも言いつけてしまう。それでは仕損じることは明らかであり、その者の身の破滅、主君に対して不忠となる。よって、常に温和な態度で下の者を側に近づけ、その器量を見定めておかなければならない」。上、下とは現代でいう大衆（平等）民主主義社会です。このように家臣、部下との付き合い方を述べています。

2　リーダーと組織

　組織が機能的に動くためには、学校長（園長）のリーダーシップのもと、職員が目標となる情報を共有することです。坂田桐子・渕上克義の心理学研究では、正真のリーダーは次の特性を持つことが大切だとします。

1．ポジティブな心理的資源と道徳的視座を持つこと
2．自己知覚に優れていること
3．他者と透明性の高い、オープンな関係を築けること
4．偏りのない情報処理を行えるような自己調整力を備えていること

　リーダーが組織をまとめる職場は、「個業的な関係性の職場」（図4）と「協働的な関係性の職場」（図5）に分類できます。「目標」に対する情報の持たせ方がポイントとなります。

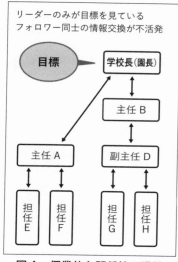

リーダーのみが目標を見ている
フォロワー同士の情報交換が不活発

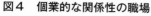

図4　個業的な関係性の職場

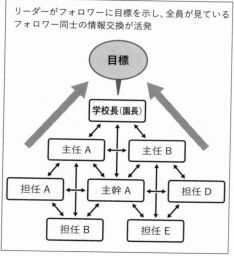

リーダーがフォロワーに目標を示し、全員が見ている
フォロワー同士の情報交換が活発

図5　協働的な関係性の職場

（1）PM論

　リーダーシップ論の一つとして知られるのが社会心理学者・三隅二不二
（1924～2002）によって提唱されたPM論です。PM論は、集団機能の観点
からリーダーシップについて考察したものです。つまり、「集団を発展さ
せる機能は何か」を探るなかでたどり着いたリーダーシップ論でした。
PM論においてリーダーシップは、「**P機能：目的達成機能（Performance**
function）」と「**M機能：集団維持機能（Maintenance function）**」の２つ
の機能で構成されていると考えます。

　学校を例にすると、P機能は目標を定め計画を立てて指導するなど、生
徒の成績・諸活動を向上させるための能力のことです。

　一方、M機能は、集団全体の人間関係に着目し、良好に保ち維持する能
力のことです。これに基づいてPM尺度が作成されました。各10項目があ
り、それを５件法で評定します（次ページの表1）。

　その２つの評定がともに平均値より高いとＰＭ型、ともに低いと

表 1　PM尺度（他者評価用）

> **これは上司のリーダーシップについて知るものです。**
> **日頃からあなたの感じていることにもっとも近い番号をつけてください。**

とてもよくある→5　よくある→4　普通→3　あまりない→2　まったくない→1

内　容	評　定
リーダーシップ P 行動（目的達成行動）	
（1）貴方の上司は、部下に規則に従うように厳しくいうか	5 - 4 - 3 - 2 - 1
（2）貴方の上司は、仕事に関して指示命令を与えるか	5 - 4 - 3 - 2 - 1
（3）貴方の上司は、仕事に必要な知識や研究のやり方を教えるか	5 - 4 - 3 - 2 - 1
（4）貴方の上司は、仕事量のことを厳しくいうか	5 - 4 - 3 - 2 - 1
（5）貴方の上司は、必要なとき、臨機応変の処置をとるか	5 - 4 - 3 - 2 - 1
（6）貴方の上司は、その日の仕事の計画や内容を知らせるか	5 - 4 - 3 - 2 - 1
（7）貴方の上司は、毎月の仕事の計画を綿密に立てているか	5 - 4 - 3 - 2 - 1
（8）貴方の上司は、新しい仕事についてやり方や内容を教えているか	5 - 4 - 3 - 2 - 1
（9）貴方の上司は、部下が申し出た設備の改善に努力をしているか	5 - 4 - 3 - 2 - 1
（10）貴方の上司は、問題の新しい解決の仕方を示すか	5 - 4 - 3 - 2 - 1
リーダーシップ M 行動（集団維持行動）	
（11）貴方の上司は、部下の能力を認めているか	5 - 4 - 3 - 2 - 1
（12）貴方の上司は、部下と気軽に話し合うか	5 - 4 - 3 - 2 - 1
（13）貴方の上司は、全体的に部下を支持しているか	5 - 4 - 3 - 2 - 1
（14）貴方の上司は、部下を信頼しているか	5 - 4 - 3 - 2 - 1
（15）貴方の上司は、部下が気軽に近づけるか	5 - 4 - 3 - 2 - 1
（16）貴方の上司は、部下が優れた仕事をしたときにそれを認めるか	5 - 4 - 3 - 2 - 1
（17）貴方の上司は、職場で問題が起こったとき、部下の意見を求めるか	5 - 4 - 3 - 2 - 1
（18）貴方の上司は、部下の個人的な悩み、家庭問題に気を配るか	5 - 4 - 3 - 2 - 1
（19）貴方の上司は、部下の話に関心を示すか	5 - 4 - 3 - 2 - 1
（20）貴方の上司は、部下が困っている場合、それを援助するか	5 - 4 - 3 - 2 - 1

記入：　　　月　　　日　名前

^{スモールピーエム}
p　m　型、Pが高くてMが低いとP型、Pが低くてMが高いと^{エム}M型と４つ
の型（タイプ）に分類されます。なかでもPM型は、目標達成のための行
動力がありながら、チーム全体をまとめる力もあるので、リーダーの理想
形として見られます（図６）。

図６　PM類型

　各10項目で、自分の態度得点をそれぞれ足し上げて、各平均を算出しま
す。それを各態度とも評定値３：「普通」を基準にしたグラフに記入する
と上司のリーダーシップのタイプがわかります（図７）。できるだけ高
い、PM型（第２象限）のリーダーになれるように心掛けましょう。

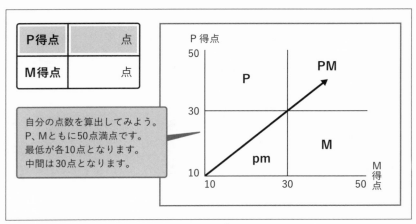

図７　PMグラフ

リーダーシップを考える場合、学校長あるいは園長をリーダーとして、副校長（副園長）、主任、担任教師、副担などのフォロワーが存在します。

　さらに、クラスに視点を移すと、担任教師をリーダーとして、フォロワーとしての子どもたちが存在します。学習活動では子どもが主役ですが、教育活動の計画段階では担任が主導的に活動の題材を考え、教材教具を準備し、学習指導をすることになります。

　担任教師が主導的であったとしても、そこには日頃の子どもたちの様子やこれまでの学習状況、経験などがあり、それらを総合的に勘案し、子どもたちのニーズに配慮しながら、活動や授業づくりを行います。

　つまり学校では、教職員間でのリーダーシップと、教職員と子ども間のリーダーシップの二面が考えられます。PM論では、教職員間でのリーダーシップ関係を見ることができます。

（2）AD論

　一方、嶋野重行は、担任教師と子どもの教育活動の関係性に注目しました。PM論を参考とし、教師態度として「**受容（アクセプタンス：Acceptance）**」と「**要求（ディマンド：Demand）**」という機能を明らかにしました。これを**AD論**といいます。

　これは、教師が子どもに学習指導や生活でかかわっていくために必要な教育機能です。具体的に、受容（A）とは「考え方や気持ちを認める態度」です。そして、要求（D）とは「考えや価値、気持ちの表出を求めていく態度」です。

　受容には、子どもを認める、共感する、無条件に理解する、関心を持つといったことがあります。要求には、子どもに考えや思いを伝える、社会のルールを教える、しつけるといったことがあります。子どもの指導者となる教師は主にこの二つをバランスよく機能させながら、教育活動にあたっていると考えます。

　受容が強い教師は、優しい先生、話のわかる先生と見られやすいのです

が、それのみであると何となく物足りなさを感じます。しかし、要求が強い教師は、うるさい先生、厳しい先生と見られやすいので、そのバランスが大切です。

これについて、AD尺度（教師の自己評価用）を作成しました（表2）。

表2　AD尺度（教師の自己評価用）

> **これは、保育者自身が子どもとのよりよい関係を知るために行うものです。**
> **日頃の子どもとのかかわりで、あなたの感じていることを、**
> **そのまま正直に答えてください。**
> **（あなたの感じていることにもっとも近い番号をつけてください。）**

とてもよくある→5　よくある→4　普通→3　あまりない→2　まったくない→1

内　容	評　定
（1）私は、子どもがきちんと行動するようにいう	5 - 4 - 3 - 2 - 1
（2）私は、子どもがじょうずにできるとほめるようにしている	5 - 4 - 3 - 2 - 1
（3）私は、子どもが活動中にさわいだりすると注意する	5 - 4 - 3 - 2 - 1
（4）私は、子どもが保育園等を休むと心配する	5 - 4 - 3 - 2 - 1
（5）私は、子どもがふざけるとしかる	5 - 4 - 3 - 2 - 1
（6）私は、子どもがうれしいときには、いっしょになって喜ぶ	5 - 4 - 3 - 2 - 1
（7）私は、子どもに活動中には自分のほうを見るようにいう	5 - 4 - 3 - 2 - 1
（8）私は、子どもがこまっているとき、相談（かかわる）にのる	5 - 4 - 3 - 2 - 1
（9）私は、子どもに持ち物の管理をするようにいう	5 - 4 - 3 - 2 - 1
（10）私は、子どもにきまりをまもるようにいう	5 - 4 - 3 - 2 - 1
（11）私は、子どもの作品をていねいに見るようにしている	5 - 4 - 3 - 2 - 1
（12）私は、子どもが活動中に、一つの結果を出す（答える）まで見守る	5 - 4 - 3 - 2 - 1
（13）私は、子どものやりたいことがわかる	5 - 4 - 3 - 2 - 1
（14）私は、子どもに身の回りの後片付け（整理・整頓）をするようにいう	5 - 4 - 3 - 2 - 1

記入：　　月　　日　名前

受容（A）項目は、(2)、(4)、(6)、(8)、(11)、(12)、(13) である。
要求（D）項目は、(1)、(3)、(5)、(7)、(9)、(10)、(14) である。

これを手がかりに、教師へのコンサルテーション（80ページ参照）を考えていくことが可能になります。教師自身も子どもに対する態度を振り返って改善に役立てることができます。

AD尺度は各7項目あり、自分の態度得点をそれぞれ足し上げて、各平均を算出します。それを各態度とも評定値3：「普通」を基準にしたグラフに記入すると自分のタイプがわかります。

PM尺度と同様にADの2つの評定がともに平均値より高いとＡＤ型、ともに低いとａｄ型、Aが高くてDが低いとA型、Aが低くてDが高いとD型と4つのタイプ（型）に分類されます。

できるだけバランスのよい、右上のAD型（第2象限）になるようにしましょう（図8）。

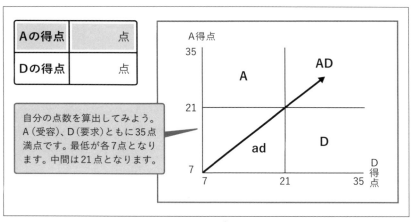

Aの得点	点
Dの得点	点

自分の点数を算出してみよう。A（受容）、D（要求）ともに35点満点です。最低が各7点となります。中間は21点となります。

図8　ADグラフ

受容（A）と要求（D）はカウンセリングと教育の違いとして、しばしば二項対立的にとらえられてきました。しかし、AD尺度を用いることで、改めてデータに基づいて、指導態度の把握ができます。要は、自分の態度を自覚的にとらえて、保育や教育の実践知に役立てていくことです。子どもとの関係をとらえなおすものとして活用していくのも一つです。

学級の集団において、教育・保育活動をしていくうえで担任教師（リー

ダー）と子ども（フォロワー）は、AとDの態度を機能させ、相互の人間関係が成立している状況でやりとりが行われています。

　以上のリーダーシップPM論、子どもと教師の人間関係AD論の関連は、図9のようにあらわすことができます。

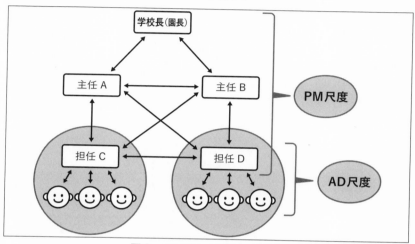

図9　PM論とAD論との関連

（3）フォロワーシップ

　リーダーシップとフォロワーシップは二項対立のように捉えられがちですが、組織はその両方を持ち合わせています。組織が効果的に動くためにリーダーシップは大切ですが、フォロワーシップも重要です。リーダーの指示どおりに行動するだけでなく、フォロワーが自立的に他のメンバーと相互に働きかけ、組織を効率的に機能させることが必要なのです。

　リーダーシップは最初から発揮できるものではありません。まずフォロワーとして行動しているうちに、だんだんリーダーとしての心構え（シップ）を得心していきます。そのなかで「自分であれば○○と行動するのに」「失敗の理由は○○ではないか」などと、自分を客観的に観察し、リーダーとしての行動を分析します。そして徐々に、「上司」としてのポジ

ションに応じたリーダーシップが培われてくるのです。

　リーダーシップはPM論の「P：目的達成機能」、AD論の「D：要求」の働きに近く、フォロワーシップは、PM論の「M：集団維持機能」、AD論の「A：受容」の働きに近いと考えられます。

（4）エンゲージメント

　自分と相手の両者間に確固たる信頼関係が構築されることを、エンゲージメントといいます。リーダー（教師）とフォロワー（子ども）によって学級の組織はつくられますが、その潤滑油ともいうべき心理的な絆がエンゲージメントという**学級への帰属意識**です。

　基本的に事業を行う組織は、「契約」によって成り立っているものです。「契約」には、法律的な意味を含むコントラクトと、人間関係的な「約束・契約」という意味のエンゲージメントがあります。

　エンゲージメントとは、マーケティング用語としても使われています。それは、企業と顧客との信頼感やつながりをあらわし、**自社や組織に対する従業員満足度や愛着心、企業と顧客が一体となり、双方の成長に貢献し合う関係性、絆を指しています。**

　教育の現場でも、教職員同士、子どもと教師、子ども同士など、さまざまな点からエンゲージメントを高めることが重要視されています。エンゲージメントが高まれば、組織として成長できる環境が整います。

　学校でも年度当初は、学級の一員という「契約」によって学級に帰属しますが、徐々にいろいろな教育活動、行事などを経ていくうちに、信頼関係を築いていき、共同体意識が出てきます。

　人間関係で大切なことは、「共感」と「信頼感」です。「共感」の状態は、少なくとも次の３つの心理的プロセスから成り立つとされます。

　１．他者の心の状態を読み取る
　２．相手の感情を自分のもののように感じる

3. 行動を起こさなければという気持ちに駆られる

　相手に共感して、喜びを共有するのが**メンタライジング**の働きです。メンタライジング能力を育てるには、周囲の人間が、他者の心を読む能力を用いて現実世界とやり取りする様子を、見たり聞いたりする体験が必要とされます。

　私たちは、乳幼児の頃からメンタライジング能力を育み、保育園や小・中学校の人間関係をとおして、共同社会で生きていくための社会適応能力を養っていきます。それは、大人になってからも生かされます。

　特に福祉や教育にかかわる仕事は、多くの場合、「社会や人のために役立ちたい」「誰かがやらねばならない」などの情熱_{パッション}や社会的使命によることが求められます。だからこそ、福祉や教育にかかわる組織は、エンゲージメントという信頼関係でつながることが大切なのです。

（5）パートナーシップ

　企業のなかにはパートナーシップ（共同経営）という運営方法があります。それは、複数の個人または法人が共同で出資し、事業を営む組織のことです。経営の状態、人事の方針など経営に必要な情報を一部の経営者や管理職だけではなく、経営者と従業員が共有し、同じ目的意識を持つことが大切です。

　パートナーシップによって、経営者と従業員の対立が生まれにくくなり、利用者である子どもや障害者のサービスに有利な方向で働きます。相互が対立する労働環境ではなく、サービス利用者の満足度を評価し、その成果を両者で確認する経営を行っていくところに利点があります。ここでも、エンゲージメントが大切になってきます。

（6）組織の活性化

　組織を活性化させていくためには、従業員の仕事に対する報酬は当然で

すが、ほかにもプライド、やりがい、心理的な上司・同僚からの承認なども必要です。組織を活性化するために、リーダーは「目標」を明確にしていくことが肝心です。

*

2016年、ハーバード大学経営大学院（HBS）の教材として、JR東日本グループのある会社の取組みが採用されたことが話題となりました。同社は東北、上越などJR東日本が運行する新幹線の清掃作業を請け負っています。それまで苦情が多く、従業員の士気も上がらないなど問題を抱える企業でした。「きつい」「汚い」「危険」の３K職場で離職率が高く、トラブルを減らしたい上司は叱責で現場を押さえつけるばかりで、従業員が萎縮する悪循環に陥っていたとされます。

そのような状況のなか、JR東日本から経営部長が送り込まれました。その部長が着任すると、「現場が『自分たちはダメだ』と思い込んでいる」ということがわかったそうです。そこで、制服をレストランふうの明るいデザインに変えたり、車両を従業員が清掃の技量を見せる「新幹線劇場」と呼んだりと、職場の雰囲気を一新することから始めました。

さらに、「夏はアロハシャツを制服に」「帽子に花飾りをつけたい」といった現場からの提案には「ノー」を言わず、仲間のよいところを報告してもらい、幹部登用にも道を開くことで従業員の士気を高めました。一方、遅刻を重ねるとボーナス減額など信賞必罰も徹底し、サービスの質向上につなげたということです。

話し合い　耳を傾け　承認し　任せてやらねば　人は育たず

　　日本海軍連合艦隊司令長官の山本五十六（いそろく）（1884〜1943）の言葉とされるが、出所不明。

Ⅳ　福祉・教育の仕事

1　組織での協働

　保育園はじめ、児童福祉施設に従事するすべての者（職員）に求められる一般的な要件が、『児童福祉施設の設備及び運営に関する基準』（昭和23年厚生省令63号）に規定されています。

　そこに「健全な心身を有し、豊かな人間性と倫理観を備え、児童福祉事業に熱意のある者であつて、できる限り児童福祉事業の理論及び実際について訓練を受けた者でなければならない」とあります。

　社会福祉事業は多様な領域の専門職、ボランティア、地域の方々がそれぞれの特質や長所を生かし、対等な関係で、綿密に協力しながら協働（コラボレーション）する仕事です。そのために多様な専門職が会議等で作成した共通の援助方針や目標に基づいてケアチームを組織し、利用者を支えていくといった、事業所内での多職種協働作業として取組む必要があります。

「子どもの個性を伸ばし」「子どもの最善の利益」を考えて教育や養育を考えていく必要があります。そのためにも、子どもの将来像を忘れずに、目の前のサービスに取組む必要があります。そのときに、多様な職種による協働（コラボレーション）が大切になってくるのです。

＊

　保育園には、保育・教育のサービスを提供するに当たり、配置する職員

の職種及び職務内容が「運営規程」（あるいは就労規則）に規定されています。職員の配置については、『児童福祉施設の設備及び運営に関する基準』を下回らない員数としなければなりません。これは最低限の規定であり、それ以上の員数で仕事にあたるのがよいとされますが、人件費の関係もあり、目標数値としている保育所もあります。

　しかし、近年は働き方改革もあり、定員の厳格さが求められています。福祉施設には、その事業を進めていくために、多様な職種の職員が配置されています。それぞれの仕事の特徴を見ていきましょう。

2　保育・教育の仕事

　保育・教育者は子どもの側に立って見ることができる専門家<ruby>専門家<rt>プロフェッショナル</rt></ruby>です。質の高い保育を考えるときに、子どもの心に寄り添って、子どもの活動に肯定的、受容的にかかわることが大切です。

　保育や福祉の現場には、労働組合がないところが多いものです。その代わりに監督官庁の厚生労働省が率先して、給与の改善や働く環境の改善を行っています。教育情報機器のICT（インフォメーション・アンド・コミュニケーション・テクノロジー）の導入により、業務改善や保育士の養成段階での学生への修学資金の支援など、人材養成と待遇改善に取組んでいます。

　福祉の現場や教師を希望する学生の数は、全国的に減少しています。原因は少子化だけではありません。これを解決していくためには、給料や労働時間などの待遇の改善はもちろんですが、福祉や教育の仕事の魅力を小・中学校の段階で伝えていくことが必要です。保育士を養成している短大・大学や福祉職従事者を養成する高等教育機関には、魅力ある教育機関となるように、国による教育環境の充実のための、資金の助成が望まれます。国は、理工学系の教育・研究を充実させようとしていますが、未来の人材を育て上げる根幹の幼児教育の充実こそが必要だと思います。

＊

近年、幼児教育では、子どもの「非認知能力」育成の重要性がいわれています。非認知能力とは発達の度合いを測定するのが難しい、心理的な社会的情動の能力です。非認知能力を子どもの誕生時から育むと、「思いやり」「協調性」「集中力」「好奇心」などが高くなると考えられています。

　幼児教育の目的は『保育所指針』や『幼稚園学習指導要領』で述べられていますが、次のようなことを念頭におき、実践していくことが大切です。

① 触れ合いのある保育、子どもに関心を寄せる教育

　子どもの怒りや悲しみを鎮めるときに、大人は手で頭や背中をなでています。怒りや悲しみを鎮めるために、スキンシップが有効であるといわれるためです。保育や教育では、声と体によって触れ合いを多くし、「あなたに関心を寄せている」という信号を送ることが大切です。

② 子どもの声の解釈ができる保育、子どもの言葉にある心をとらえる教育

　子どもの欲求・要求にこたえることは保育や教育の原点です。子どもの質問には答えを断定的に告げるのではなく、ファンタジックにこたえることで、思考はいろいろな知の方向に発展していきます。たとえば、「雪がとけると春になるよね（水ではなく）」とか「草にも、友だちと同じようにいろいろな名前があるよ」とか、何気ない疑問や言葉をどのように拾うかが大切です。さらに、質問に丁寧に応じることで、「あなたを大切に思っている」「あなたを見捨てないよ」ということを伝えられます。

③ 発達に応じたかかわりをする保育、「学び」の発達にこたえる教育

　子どもの発達には多様性があることに「気づく」専門性を保育者は持ちましょう。子どもによって「学び」の興味関心は異なり、多様です。いろいろな感覚、認知機能があることを知り、発達的ニーズにこたえる必要があります。

④ 社会性を伸ばす保育、社会適応をはかる教育

　子どもがいろいろな人とかかわり社会性を身につけていく過程では喧嘩やトラブルもありますが、それは成長へのステップです。ある教育研究者は「過保護な親は、目の前のかすり傷を防いでやることで、将来の大けが

のリスクを高めてしまう」と言っていますが、まさしく的を射た指摘だと思います。幼児期から友だち同士のかかわりを通じて、人との付き合い方、問題解決の仕方を学んでいくのです。

⑤ 読む力を伸ばす保育、読解力をつける教育

絵本はイメージを豊かにし、言葉の意味を読み取る力を養い、聞く力を育てます。聞く力は読解力の基礎となります。絵本の読み聞かせをしていると、子どもは絵から物語を読み取ろうと想像性を働かせ、創造力を育てていきます。

⑥ 子どもと大人が相互に受容的な態度でかかわる保育・教育

ある子どもに対してイライラするのは、じつはその子どもの問題より、保育者の問題であるほうが大きいときがあります。あるがままの子どもの姿を認めることが大切です。日本人の約半分の子どもは、自分はダメな人間だと思っていて、自尊感情（セルフエスティーム）が低いといわれます。これは小さい頃から低く評価されていることと関係しているようです。そのため、「**自分は、やれば結構できるかもしれない**」という社会情動的なスキルを身につけることが必要です。これにより自己効力感（セルフエフィカシー）が高まり、自信を持って力を発揮できるようになっていきます。

**　学校は失敗してもよいところなのですが、多くの子どもは周囲からの評価に敏感で、失敗を怖れます。教師も間違いを許さないところがあります。教師が何度も同じことを言ってしまうのは、子どもの短期記憶が弱いからです。「まちがってもいいよ」「何度でも見放さないよ」というメッセージを送り、無条件に受容することが大切です。**

＊

　子どもが育っていく根っこは、周囲の大人たちに認められ、背後に信頼できる人がいることにあります。いまという時代は、保育者や教師は子どもと保護者の両者とかかわっていかなければなりません。子どもの生活基盤は、保護者がつくっています。雰囲気のよい保育園や学校には、次のような特徴があるとされます。

1. 教職員が子どものことをよく語り、笑顔やあいさつが飛び交う
2. 教職員の人間関係がよい。先生たちが逐一指示・命令がなくても動く
3. 保護者たちが園や学校が好きで、行事や環境整備などで積極的に協力してくれる

　保育や教育の仕事は、個別の子どもの発達を見守り、支援していくことであるとともに、社会の一員として社会に適応できるように、自立する力を育てていく仕事です。その育ちの過程で、事故や病気が生じ、生命の安全が脅かされることも往々にして起こりがちです。とても気苦労が多い仕事であることも事実です。保育者自身が精神的にも身体的にも健康に気をつけるとともに、管理職も仕事が特定の人に集中・過重にならないように配慮する必要があります。

＊

　組織には職階があり、それぞれの職務内容が決まっています。
　所長（園長）：職員及び業務の管理を一元的に行い、職員に対し法令等を遵守させるために必要な指揮命令を行うとともに、保育所を全体的に把握する責任があります。
　副所長（副園長）：所長を補佐し、その責任を分担するとともに所長から委任を受けたとき、または所長が不在のときは職務を代行します。
　主任保育士（主任教諭）：副所長を補佐するとともに保育計画の立案や支給認定保護者からの育児相談、地域の子育て支援活動、保育活動及び保育内容についてほかの保育士を統括します。
　副主任保育士（指導教諭）：主任保育士を補佐するとともに保育計画の立案に参画し、保育事業の推進を図り、さらに保育・教育の業務を行います。
　保育士・保育教諭：子どもの保育・教育に従事し、計画の立案、実施、記録及び家庭への連絡等の業務を行います。
　ほかにも、栄養士や調理師、看護師、事務員、用務員などがいます。

3　認定こども園

　幼稚園と保育所（園）の歴史は長く、幼児を対象とする子育て施設でした。それぞれ歴史的な経緯があり、時代にあわせて統合するには、根強い抵抗がありました。しかし、保育（保育所）と教育（幼稚園）を一体化したほうが現代的なニーズに即しているということで、平成27（2015）年度より、内閣府管轄の「認定こども園」制度ができました。

　これは乳幼児の保育と教育を一体的に行う施設で、０歳から就学前の子どもを受け入れます。いわば、保育所と幼稚園の両方のよさをあわせ持った施設です。以下の機能を備え、基準を満たす施設は、都道府県等から認定を受けて事業を行うことができます。

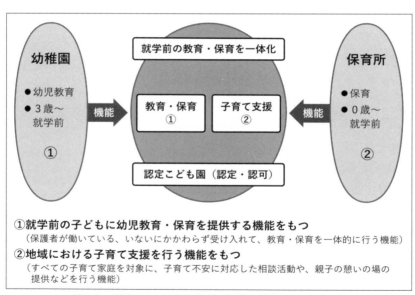

図10　認定こども園の概要　出典：内閣府ホームページ

　「認定こども園」を利用する子どもについては、３つの認定区分が設けられています。

・**1号認定**：教育標準時間認定・満3歳以上 ⇒ 認定こども園、幼稚園
・**2号認定**：保育認定（標準時間・短時間）・満3歳以上 ⇒ 認定こども園、
　保育所
・**3号認定**：保育認定（標準時間・短時間）・満3歳未満 ⇒ 認定こども園、
　保育所、地域型保育

　幼稚園は、幼児教育・3歳〜就学前の子どもで、文部科学省の管轄で
す。（『学校教育法』〈昭和22年公布〉に基づく学校です）
　保育所は、保育・0歳〜就学前の保育が必要な子どもで、厚生労働省の
管轄です。（『児童福祉法』〈昭和22年公布〉に基づく児童福祉施設です）

　さらに、令和5（2023）年4月から新たに「子ども家庭庁」（内閣府と厚
労省から業務を移管）が創設されました。少子化問題、貧困対策、児童虐
待、ひとり親家庭支援、保育園や認定こども園の所管など、子どもにかか
わる養育と教育全般を**文部科学省などと連携しながら担う**ことになりまし
た。

4　乳児院・児童養護施設

　子どもの養育には、大きく「家庭養護」と「社会的養護」があります。
多くの子どもは生まれてのち、親のもとで家庭に育ちます。それを「家庭
養護」といいます。
　ところが、何らかの事情により家庭で育てられない場合があります。そ
ういった子どもに対して社会的に支援を行うことが「社会的養護」です。
多くは児童福祉施設がその責務を担いますが、国は「里親制度」や「養子
縁組」といった「家庭的養護」も進めています。
　主な児童福祉施設には、乳児院（0〜2歳）や児童養護施設（3〜18歳

未満）があります。基本的には0歳から17歳（高校を卒業する年の3月）まで施設に入所して養育され、18歳になれば、退所となります。しかし、18歳で自立が難しい子どもや、専門学校や短大・大学へと進学する子どももいるため、本人の希望を尊重して、18歳を超えても施設に居られるようになってきました。

　近年、入所する子どもの多くは、親から虐待を受けて保護された子どもたちです。ほかにも親の死亡、病気、ひとり親で仕事の関係もあって家庭で養育できないといった諸事情があり、行政（県知事等）の「措置・保護」によって、入所します。

*

　施設に入所した子どもに対しては、生活指導員や保育士、心理療法士、看護師、調理師などの多種多様な職員による協力のもと、心理的、経済的な自立に向けた取組みが行われています。

　特に児童と直接触れ合っているのが、児童支援員です。児童支援員とは児童福祉施設、学童保育クラブなどで保育士とともに直接子どものケアを行う者とされ、職務内容は生活指導（生活指導計画立案、職業指導、会議運営、施設内外の連絡調整、ケースワークやグループワーク、退所後の自宅訪問等）や学習指導です。

　ほかにも、園長・管理者、副園長、主任児童支援員、母子支援員、家庭支援専門相談員（ファミリーソーシャルワーカー）、被虐待児個別対応職員、栄養士などがいます。

5　児童発達支援センター等

　生まれながらにして障害がある場合と、事故、病気などによって障害を持つ場合とがあります。どちらも障害者施設に入所する可能性がありますが、原則は家庭での養育です。生まれながらにして障害があるからといって親から分離して養育することは、子どもの心理的な成長・発達に大きな

制約をもたらすからです。

　障害がある場合は、通所によって「児童発達支援センター」の「療育」を受けることができます。

　児童発達支援センターや障害児入所施設、病院の療育センターには「福祉型」と「医療型」があります。

　福祉型は、園長・副園長はじめ、児童支援員、相談支援専門員、看護師、栄養士、調理師、事務員、用務員などたくさんの職種のスタッフがいます。

　医療型は主に重度の知的障害及び肢体不自由の子どもたちが利用するもので、医学的管理が常時必要な場合は、入所利用しながら療育や治療が受けられます。ここには、福祉型の施設で働く職種に加え、医師や看護師はじめ保育士、介護職員、作業療法士、理学療法士、管理栄養士など、医療の専門性の高いスタッフがいます。

＊

　近年では、児童発達支援センターや放課後等デイサービスなどを行う事業所が、地域に数多くつくられてきました。公立の療育施設や発達支援センターに加え、NPO法人や企業が運営する事業所でも、サービスの質を保証する「サービス管理責任者」を置き、適正なサービスが受けられるようになったのです。

　放課後等デイサービスは、平成17（2005）年頃から障害児施設で取組みがはじまり、平成24（2012）年に『児童福祉法』に位置づけられました。学校が終了した放課後に、障害のある子どもを預かるサービスです。

　放課時間はだいたい14〜16時頃ですが、学校や家庭への送迎含め、18時頃までの預かりもできるため、保護者がフルタイムで働いたり、共働きをしたりといったことも可能になりました。

　事業所では、運動療育や学校の宿題、個別の課題などのほか、土曜日や休日に絵画製作やゲームなど余暇的活動も提供するようになり、保護者も安心して仕事ができるようになったのです。児童指導員として、小・中・

高校の教員免許保有者、保育士、運動療法士、介護福祉士などの資格を持っている人たちが働いています。

＊

そして、福祉事業所のサービス利用に必要な費用負担には、「**応益負担**」と「**応能負担**」という考え方があります。

応益負担とは、「受けたサービスの量に応じて、費用を負担する方式」です。応能負担とは、「利用者の支払い能力に応じて、費用を負担する方式」です。しかし、障害者の支援では、サービスの量によって「益」を得るという考え方は望ましくなく、批判があるところです。

6　学校

（1）学習指導と生活指導

小・中学校や特別支援学校で指導する内容には、大きく分けて「学習指導」と「生活指導」があります。これらに、校長、副校長、主幹教諭、指導教諭、教諭、講師、養護教諭や看護師、スクールカウンセラーなどの職階ごとに、「校務分掌」によって職務内容と担当者が決められています。

年間の仕事内容は「学校運営規則」で決められています。「学習指導」には、各教科があり、担当の教員が教科内容を教えます。これは、文部科学省の告示する『（小学校・中学校・高等学校・特別支援学校）学習指導要領』で、学年ごとに教える内容が決められています。

一方、「生活指導」は、学習指導以外の生活全般にかかわることです。授業時間や服装の決まりを守ることから、非行や不登校、進路指導（ガイダンス）や心理的ケア（カウンセリング）に至るまで多岐にわたります。

また、学校には「通常学級」を基準に学級編制が行われ、1学級の教員一人当たりに対する子どもの人数の定数も決められています。近年は、通常学級に在籍する「発達障害」やそれが疑われる子どもが増えていることから、教育委員会や学校長の判断によって、教員の加配などが行われ、1

学級を複数の教員が担当するTT（チーム・ティーチング）で学級運営が行われるようになっています。

　通常学級のほかに特別な支援を必要とする子どもたちのためには、「特別支援学級」と「通級指導教室」が設置され、いわゆる「特別支援教育」が行われています。ここでも、1人の教員が何人の児童を担当するか定数が決められています。

＊

　平成15（2003）年まで、「特別支援教育」は「特殊教育」と呼ばれていました。その頃は、盲・聾<ruby>聾<rt>ろう</rt></ruby>・養護学校の特殊教育諸学校に通う児童生徒数は全国の小・中学校児童生徒数の約0.9％でした。アメリカやイギリス、ドイツなどの先進国は約10〜20％であるのに対し、日本の比率はたいへん低かったのです。**つまり、相当数の「特別な支援を要する子どもたち」が、通常学級のなかで支援を受けないままにいた可能性があったのです。そこで、文部科学省は、知的障害のない学習障害（LD）、注意欠陥多動性障害（ADHD）、高機能自閉症の子どもたちは「発達障害」のカテゴリーと考え、特別支援教育の対象としました。**「発達障害」という概念は病名と思われがちですが、じつは法令で定められた「障害」で、医学上の診断名ではありません。

　平成16（2004）年に、「発達障害児」への支援体制整備のためのガイドライン（試案）が文部科学省により作成されました。当時は21世紀を迎えてまもなく、日本の「特殊教育」はアメリカのIEP（個別教育計画）の影響を受け、障害のある子どもへの教育は通常学級の子どももインクルーズした「特別支援教育」として発進するという、転換期を迎えたのです。

　平成17（2005）年度頃からは「個別の支援計画」を関係機関で策定することとなり、特別支援学校では「個別の教育支援計画」が作成され、市町村あるいは県教育委員会へ報告されることになりました。

　さらに、『学校教育法』が平成18（2006）年3月に改正され、平成19（2007）年4月より「特殊教育」から「特別支援教育」、盲・聾・養護学校

が「特殊教育諸学校」から「特別支援学校」へと名称が変更されました。
そして、次のような役割を決めたのです。

　1．特別支援学校は地域の教育支援センターとしての機能を備えること
　2．市町村教育委員会は巡回相談事業を行うこと
　3．各小・中学校には教務主任や生徒指導主任とは別に特別支援教育コーディネーターを配置すること
　4．各小・中学校に校内委員会を設け、学校全体の問題として考えること

（2）コンサルテーション

　コンサルテーションとは、異なる専門性をもつ複数の教員が、支援対象である問題状況について検討し、よりよい支援のあり方について話し合うプロセスのことです。

　自らの専門性に基づいてほかの先生方を援助する者を「コンサルタント」、援助を受ける者を「コンサルティ」と呼びます。双方は対等な関係で、コンサルティにおける指導の悩みや、よりよい解決法について、ともに考えます。文部科学省の定義によると「**コンサルテーションは、あるケースについて、その見方、取り扱い方、かかわり方、などを検討し、適格なコメント、アドバイスなどを行う。カウンセリングよりも指示的な意味合いが強く、従って対象に対するなんらかの見方、意見、コメントなどを、コンサルタントであるカウンセラーが提示しなければならない**」としています。

　コンサルテーションは、カウンセリングと違って、「適切なアドバイス」を行うのがポイントです。アドバイスやコメントがなければ、相談者には不満が残ります。ここが、傾聴を主とするスクールカウンセラーのカウンセリングとの大きな違いです。

（3）カウンセリング

　カウンセリングの意味は「相談すること」です。わが国においては、カウンセリングに大きな影響を与えた、アメリカの臨床心理学者カール・ロジャーズ（1902〜1987）の「来談者中心療法」があります。

　ロジャーズが多くの事例をとおしてたどりついたことは「人間中心主義」といわれ、「問題を解決するのは本人自身である」としています。そのために、**カウンセラーにとって重要な態度は「傾聴」と「受容」ということです。そして、受容の三条件は「共感的理解」「無条件的な積極的理解」「偽りのない心理的一致」としています。**
「共感的理解」とは、カウンセラーがクライエント（来談者）と共感的に傾聴することです。「無条件的な積極的理解」とは、相手に積極的に関心を持つことです。「偽りのない心理的一致」とは、本音と建前ではなく言葉と気持ちが一致することです。

＊

　ほかにカウンセリングの重要な概念には、「抵抗」「転移」「退行」があります。カウンセリングの初期段階では、クライエント自身が円滑に治療の進むことをじゃまするような心の動きを示すことがあります。これが抵抗で、いまの状態を変えることへの不安が影響しています。転移とはクライエントの人生の重要な対象（主に両親）に向けた感情をカウンセラーに向けることです。攻撃的になったり、承認を求めたりします。

　そして、退行とは人が欲求不満にさらされたときに過去の心的な発達段階に戻り、その段階で満足を得ようとすることです。

　これらの心的体験をとおして治療が進んでいくことになりますが、いずれにしても、治療過程においてはカウンセラーの態度として相手を「受容」することが重要です。カウンセラーの受容的態度は保育や教育にも影響を与えます。教師が否定的、拒否的な態度をとってしまうと、子どもとの関係が絶えてしまいます。受容は、一方的な受容ではなく双方向にとって必要なことです。カウンセラーとクライエントの両者が「受容する」―

「受容される」関係になることは、子どもの自己開示（ディスクロージャー）を進め学校教育の病理面、不登校、ひきこもり、非行にかかわる生徒指導の大切な支援法になっています。

なお、グループで行うカウンセリング方法は「エンカウンター・グループ」といいます。

ほかに、臨床心理学者アルバート・エリス（1913〜2007）の「論理療法」があります。クライエントが「どう認知しているか」という「ビリーフ」（信念、思い込み）をカウンセリングにより自己変容していく療法です。ビリーフには合理的な信念のラショナル・ビリーフと非合理的な信念のイラショナル・ビリーフがあります。問題を抱えているクライエントは、このイラショナル・ビリーフに考え方が支配されていることが多いので、合理的で論理的に考えられるように導いていきます。どのような方法でアプローチしたらよいかは、子どもへの理解に関係してきます。

*

『荘子』（応帝王篇）に、「至人の心を用うるは鏡の若し。将らず迎えず、応じて蔵せず。故に能く物に勝ち傷つかず」とあり、「**道を極めた人の心は鏡のようだ。鏡は去るものは追わず、来るものは迎えもせず、あるがままに応接して一切のこだわりを何も残さない。人の心も鏡のようであれば、あらゆるものに自由に向き合って、しかも自身が傷つくこともない」という意味です。**このようにカウンセラーの態度も、鏡のようにあるのがよいとされます。

（4）巡回相談

特に特別支援教育は、小・中学校にとどまらず幼稚園・保育所や高校への支援にも対象を広げてきています。学校には、必ず特別支援教育コーディネーターを配置すること、校内委員会を設けて学校全体の問題として考えていくことが必要です。

さらに、特別支援学校は学校内だけでなく地域の教育センターとしての

機能を備えること、市町村教育委員会は巡回相談を行うことが求められ、地域エリアを担当する相談員が必要となってきました。

　巡回相談では、コンサルテーションを実施することになるため、相談員に求められる能力は教育相談ができる力、つまり「コンサルテーション」や「カウンセリング」ができる力です。巡回相談の担当者はそのための多くの引き出しを持っていたほうがよく、研修・研究が欠かせません。

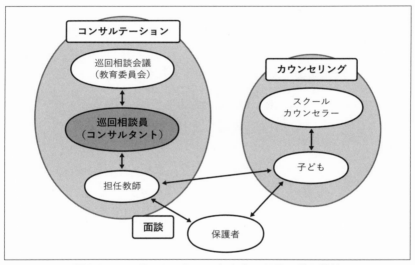

図11　コンサルテーションとカウンセリングの関係

Ⅴ　組織目標

1　組織の目標および課題

　保育園・福祉施設や学校では、組織を運営するための基本事項として、「施設の目的」や「運営方針」等の「運営規程」が定められています。

　これをもとに、子どもや利用者にわかりやすいように「元気な子」「思いやりのある子」「なかよくする子」など、具体的な園目標や学校目標をつくっています。次は、保育園運営規程の一例です。

○○保育園運営規程

（施設の目的）

第1条　社会福祉法人○○会が設置する○○園が保育所として行う保育・教育の適切な運営を確保するために人員及び管理運営等に関する事項を定め、当園を利用する小学校就学前の子どもに対し、適切な保育・教育を提供することを目的とする。

（運営方針）

第2条　当園は良質な水準かつ適切な内容の保育・教育を提供することにより、子どもたちが健やかに成長するために適切な環境が等しく確保されることを目指す。

　2　保育・教育の提供にあたっては、子どもの最善の利益を考慮

し、利用する子どもの意思及び人格を尊重し、保育・教育を提供するよう努める。

3　当園は利用する子どもの属する家庭および地域の結びつきを重視した運営を行うとともに子育て支援を行い、都道府県、市町村、小学校や児童福祉施設、保健医療サービス若しくは福祉サービスを提供する者と密接な連携に努める。

第3条　　名称及び所在地

第4条　　（提供する保育・教育の内容）当園は、児童福祉法、子ども・子育て支援、その他関係法令等を遵守し、乳幼児の発達に必要な保育・教育を提供する。

第5条　　職員の職種及び職務内容

第6条　　保育・教育を提供する日

第7条　　保育・教育を提供する時間

第8条　　利用料その他の費用等

第9条　　利用定員

第10条　　利用開始、終了に関する事項及び利用に当たっての留意事項

第11条　　緊急時における対応方法

第12条　　非常災害対策

第13条　　虐待防止のための措置

第14条　　苦情対応

第15条　　安全対策と事故防止

第16条　　健康管理・衛生管理

第17条　　支給認定保護者に対する支援　　　　　（以下、省略）

（1）職員会議

　組織の目標および課題に依拠した「意思決定」と「情報共有」のために、職員会議は行われます。最終的な意思決定は所属長が行うのですが、

それを補完する役割を果たします。

　意思決定で大切なことは、公正であることと、話に筋が通っていて大多数が納得できることです。組織のなかで、私的な理由により持論を曲げず、筋のとおらないことをとおそうとすれば、またたく間に周囲から見透かされ、信用を無くしてしまいます。物事を進めていくためには、多くの職員が納得できる、論理的な説明が必要です。

　会議でいろいろな人の話を聞いているうちに、リーダーが意外な意見に共感できることも多いものです。また、少数意見や反対意見で、一時的に感情的になることがあったとしても、人格が否定されたわけではないので、冷静に対応します。

　会議の議論では、なかなか全員一致できない場合もあります。そんなときには、Ａ論とＢ論だけでなく、間をとったＣ論という選択肢もあります。哲学用語では、アウフヘーベンといいます。「中庸」という言葉もあります。時には、一度の会議で結論をださず、持ち越すことも必要です。

　できれば、参加者全員が合意して結論をだすのが理想的ですが、時間等の制約もあって、リーダーが決断を迫られることもあります。いずれにしても最終の意思決定は所属長が決裁し、結果責任を取ります。

（2）第三者委員会

　福祉施設や学校等の公の機関で「問題」が起きたときに、当事者以外の外部の有識者によって危機管理の体制の再構築を迅速、確実に行うなどの目的で、問題を検証するための第三者委員会があります。それを組織するのが第三者委員で、苦情解決委員、オンブズマンなどともいわれます。『社会福祉法』第83条では運営適正化委員会と表記されているものが、これにあたります。福祉事業者にはこの委員を配置することが義務づけられています。施設事業者と利用者は対等な立場であるべきですが、実際は利用者は弱い立場になりやすいものです。それをカバーするのが第三者委員会といえます。

苦情というとマイナスイメージがありますが、福祉サービスの不具合を見つけ、業務改善につなげていくというプラス思考でとらえましょう。施設の運営を批判される場となりがちなため、あまりポジティブな会議とは思われませんが、施設サービスを「改善」していくためには必要な委員会です。

＊

　学校や保育園に、自己中心的で理不尽な苦情を寄せる保護者を「モンスターペアレント」といいます。たとえば、「学校で子どもが風邪を引いたのは、衛生環境がよくなかったからなので、医療費を負担しろ」とか、「先生の教え方が悪いから子どもの成績が悪い」「いじめを受けたから慰謝料を払え」といった、無理難題を押し付けてくる場合があります。

　こういった保護者に対応していると、職員の多くは疲弊します。テレビの影響もあるのでしょうか、「訴えてやる」「責任をとれ」という強い言葉や恐喝のような態度で迫ってくることもあり、管理職であっても、強い対応が難しいことがあります。

　このような場合も、第三者委員会をおいて、組織の力で苦情や事故などに対応していくことが適当です。複数の第三者が仲介し、双方の言い分をよく聞いて問題解決を図ります。時には、双方が文書で確認することも必要となります。「流水自浄」という言葉がありますが、第三者委員会はまさにこれを体現するもので、意味は「流れる水は、自らを清める」です。「李下に冠を正さず」という故事成語もあり、これらは事業を進めている管理者自身は、周囲から疑われるようなことはしてはならないということです。

＊

　また、よくある事例ですが、高齢になった園長の後を継ぎ、その子息が新園長に就くといった場合です。それが儲け第一主義の人物だったりすると、園の運営について民間会社感覚で、教材購入の価格や光熱費などにことごとく口をだしてきます。さらに施設の職員にサービス残業を強いた

り、果ては不信感が募ると職員の大量退職を招いたりします。この場合は園長が「モンスターペイシェント」となっています。ペイシェントとは、理不尽な要求や暴言などを繰り返す人を指す言葉です。「パワハラ」や「セクハラ」などの人権にかかわる問題も起こりかねないので、日頃から「コンプライアンス」を心がけることが大切です。

　とはいえ、第三者委員会は施設長が設置するため、直接的に施設長の振る舞いに問題がある場合、それを扱うことは難しいものです。この場合は、理事会や評議員会などが対応することになります。

2　目標の設定

「わたしたちの事業は何か」を念頭に置き、組織の目標は決められます。目標設定において重視すべきことは、マーケティング（市場）とイノベーションです。イノベーションとは、これまでにない新しいサービスや事業を生みだすことです。具体的には、次のような点に考慮しながら、目標を設定していきます。

（1）経営資源
　経済活動には、土地つまり「**物的資源**」、労働つまり「**人材**」、資本つまり「**明日のための資金**」の3つの経営資源が必要とされます。組織を運営するためには、これらの安定的な確保が肝要です。

（2）財務
　公益法人にあっては、経営を安定させ、さらなる飛躍を図るために、事業所の経営状況を把握し、適切な経営判断を下す必要があります。その経営状況を客観的に数値で把握するために必要なのが「財務諸表」です。このうち特に重要なのが、「資金収支計算書」「事業活動計算書」「貸借対照表」です。これらは各所轄庁に届け出るとともに、ホームページ等で公開

しなければなりません。補助金などの税金が使われている以上、適正に事業が行われているか、監督官庁から監査を受ける必要もあります。

1．「資金収支計算書」
1年間の支払資金を報告する書類。補助金や利用者からの利用の収支等の書類。

2．「事業活動計算書」
1年間の事業活動の成果を報告する書類。**ここで注目するのは「当期活動増減差額」です。** これが黒字になることが大切です。

3．「貸借対照表」
毎年の決算期末日（3月）において所有している資産や負債額などを記載した書類。

　要は、貸借対照表の資産の部から負債の部を引いた差額が黒字であればよい運営といえます。しかし、公益性のある事業では、利益剰余金（黒字）が多すぎる場合も問題です。多くのお金をもらいすぎていると評価されます。**サービスの質の低下を防ぐために、法人の当期末支払い資金残高を当該年度の委託費収入の30％以下にしなければなりません。** 剰余金が出た場合には、職員の給料や施設設備費積立資産などに当てる必要があります。特別会計を組み、理事会の審議や評議員の承認を得て、従業員の手当て等に配分するのがよいでしょう。

（3）マーケティング分析
　マーケティング分析に使われるフレームには、主に次の5つがあります。各キーワードとなる用語のアルファベットの頭文字を取って示されます。

1. **3 C分析**：市場「カスタマー」、競合「コンペティター」、自社「カンパニー」を分析し、自社サービスを購買する意志や能力のある潜在顧客を把握する。
2. **4 P分析**：製品「プロダクツ」、価格「プライス」、流通「プレス」、販売促進「プロモーション」の4要素をあらわす。
3. **PEST分析**：政治「ポリティックス」、経済「エコノミー」、社会「ソサエティ」、技術「テクノロジー」のマクロ環境分析を行う。
4. **5 F（ファイブフォース）分析**：「新規参入業者の脅威」「買い手の交渉力」「供給企業の競争力」「代替品の脅威」「競争企業間の敵対関係」の5つの競争要因、脅威（フォース）から業界の外部構造を分析する。
5. **SWOT分析**：強み「ストレングス」、弱み「ウィークネス」、機会「オポチュニティ」、脅威「サーツ」を分析する。競合や法律、市場トレンドといった自社を取り巻く外部環境と、自社の資産やブランド力、さらには価格や品質などの内部環境をプラス面とマイナス面に分けて内部分析することで、戦略策定やマーケティングの意思決定、経営資源の最適化などを行う（表3）。

表3　SWOT分析

	プラス面：強み（S） <ストレングス>	マイナス面：弱み（W） <ウィークネス>
内部環境：機会 （O） <オポチュニティ>	機会（O）×強み（S） 自社の強みを使って、機会を生かすためにどうするかを考える。	機会（O）×弱み（W） 自社の弱みを補強するなどして、機会を生かす方法を考える。
外部環境：脅威 （T） <サーツ>	脅威（T）×強み（S） 自社の強みを生かして、脅威となる影響を避ける、また場合によっては機会として生かすことを考える。	脅威（T）×弱み（W） 自社の弱みを理解し、脅威による影響を避ける、もしくは最小限にする方法を考える。

近年、福祉事業所や学校では、スウォット分析が多く使われるようになってきました。このフレームワークに従って経営戦略や戦術、次の計画に落とし込みます。

　また、戦略のレビューを行い、課題点が出てきた場合は、再度見直しを行います。

＊

スウォット分析の具体的な取り入れ方について見ていきましょう。

　まず＜内部環境＝オポチュニティ＞と＜外部環境＝サーツ＞の両方を正しく把握、分析して活用することで、今後の戦略などの課題を明確にすることができます。

＜内部環境＝オポチュニティ＞とは、**認知度やブランド力、価格や品質、資源、立地、サービス、技術力**などです。

＜外部環境＝サーツ＞とは、**市場規模や成長性、競合の状況、景気や経済状況、政治の状況、法律**などです。

　そこに、次のようなポイントを押さえながら、落とし込んでいきます。

ポイント１：広い視野を担保するためのメンバー選びをします。抜けや漏れがないように調査・分析するためには、いろいろな視点や経験を持った人が参加して議論を進めるのがよいでしょう。

ポイント２：目的を明確にし、議論がブレないようにします。

ポイント３：前提条件、分析の前提条件を明確にし、各フレームに整理します。

ポイント４：メリットとデメリットを理解します。各フレームにおいて客観的に全体像をとらえることができるのがメリットです。強みや弱みは表裏一体のため、デメリットは分類しづらいこともありますが、まず外部環境から行い、内部環境を行うのがよいでしょう。

　検討をするうえでは、「ブレーンストーミング（脳の嵐）」を心がけます。現場の人たちのほうが、いろいろなアイデアを豊富に持っていますが、役員の意見に追従しがちになります。立場に関係なく多くのアイデアをだすことが大切です。また、「できない理由付け」より「できる可能性」について議論を深めたほうが生産的です。

　往々にして、最後は「予算」の問題に行き着き、諦めの気持ちになりがちです。しかし、「お金を多くかけなくても、できることはある」はずです。それが、たとえば「言葉のサービス」であっても、１ミリでも進めば、しないよりは余程よいでしょう。

　以上の視点から、表を埋めていきます。これによって、マーケティングの「状況」が明らかになります。これを基に、理事会や企画部などで「戦略・戦術」を考え、全体に方針として伝えます。

Ⅵ　人材育成

1　人材養成をめぐる状況と展望（保育士）

　全国保育士養成協議会という組織があります。わが国の保育士養成校は全国に年々増加し、四年制大学、短期大学、専門学校、その他含め約600カ所、年間約6万人の保育士養成がなされています。

　毎年約3万人の退職者に対し、保育所、児童福祉施設、障害者施設、老人施設、幼稚園などの施設では約4万人の採用者があります。少子化傾向は続いていますが、0歳児からの保育もはじまったため、保育士の需要は増加傾向にあります。

　一方で、保育者に必要となる**保育士資格と幼稚園教諭免許状に対しては、厚生労働省と文部科学省の2つの監督省庁がかかわっています。ここには歴史的に複雑なしがらみがあり、身動きがとれずにいます。「子ども一人に、二人のマザーがいる状態」ともいわれます。**

　この状況を解決すべく、令和5（2023）年4月から「子ども家庭庁」が設置されました。子育て支援をはじめ子どもの貧困や児童虐待、発達障害への支援といった問題の解決などが期待されています。あわせて保育士の資質向上も求められています。

＊

　保育者不足の状態によって、通信教育などで保育士資格の取得が容易に

できるようになると、働く条件の悪化を招きやすくなります。しかし、幼児教育を担う保育者には、社会的な地位と所得が保障されなければなりません。

そのため保育士養成校は幼児教育者の専門性を保証する機関ともなります。また、人口減少に伴い、将来的には保育士や介護士などの福祉関係の類似資格を統合していく議論もあります。いずれにしても、大学・短期大学や専門学校など**保育士養成校の使命は、知・情・意のバランスがよく、質の高い保育士を養成することです。**

さらに、リカレント教育（再教育）や研修により、上級資格取得につながるように教育のあり方を充実させることで、身分と待遇を保障し、より学び続けられる環境をつくりあげることも大切です。保育士養成校は、そのためのプラットホーム（共通の土台・基盤）になります。

2　職員の資質向上～新たな時代の保育～

全国保育協議会が主催する全国保育研究大会が毎年開催されています。ここで選出された研究実践は、北海道や東北、関東など各地区ブロック、全国大会で発表されます。このような取組みが保育士の質を保証し、資質の向上に貢献しているものと考えます。

私も例年、県大会の助言者として参加していますが、そこで思うことは、「保育の最前線は現場にある」ということです。

これからの保育実践の課題を考えるとき、現場にこそ課題があります。この研究大会で発表される実践の多くは、自園のさらなる質向上と活性化に役立っていると思われます。また、研究の成果を共有することで他園の質向上にも寄与しています。

以下に、これまでの研究発表に参加して、発表園の多くが大切にしている実践のエッセンスと思われることを挙げました。

① 子どもたちの体づくりを進める

　生涯にわたって健康に生活させたいと願っています。いろいろな動きのある遊び運動を十分に行い、幼少期からの「体づくり」を行うために、各園での取組みが大切です。

② 考える力をつける

　子どもは「なに？」を連発し、疑問を投げかけてきます。大人は答えをすぐに出さずに、「なぜそうなるのか」といった、考え方も言葉にして教えることが大切だと思います。能動的に考える学習態度は、幼児期から芽生えます。

③ 自然から学び、興味関心と意欲を持つ

　豊かな感性とコミュニケーション能力をつくることが必要です。少子化により、兄弟を持つ子どもが少なくなりました。子どもを1人育てて子育てを終える家庭も多くなってきました。子どもたち同士で、自然のなかで遊ぶ環境も少なくなっています。時には郊外で親子共々、自然や動物に触れ合う時間が必要です。

④ 地域とともに育つ

　地域の社会資源を活用し、地域の人たちに育ててもらうことで、地域の人たちを巻き込んでいきます。核家族化が進み、祖父母や親戚との付き合い、行事も少なくなってきました。保育者以外の大人とのかかわりを持つことが大切です。

⑤ インクルーシブ保育の実践を模索する

　いろいろな個性や特性を持った子どもと親がいます。分離や排除するのではなく、すべての子どもを受け入れ包み込む保育実践をインクルーシブ保育といいます。子どもたち同士も、互いに避けるのではなく理解し合っているものです。保育者がわからないことは、本人や周りの子どもたちに聞いてみれば、解決策がすぐにみつかる場合もあります。

⑥ 子・親・保育者・地域・行政の五者一体で育つ

　社会は変化しています。子ども・親・保育者・地域・行政のサービスを

活用し、五者がそれぞれかかわり合うなかで育ってほしいものです。

*

　近年、少子化時代を迎え、教育学や経済学では次世代を担う子どもに対し、どのような力を育むべきか多様な議論がなされています。そこで注目される能力が「非認知能力」です。

　この能力が脚光を浴びることになったのは、1962〜1967年にアメリカのミシガン州で行われた「ペリー就学前プロジェクト」でした。ここで幼児教育を受けた子どもは、低所得家庭で育ったとしても、幼児教育を受けなかった子どもよりも学校の出席率が高く、学業成績がよく、成人後の年収や健康などで優れた結果を出すことが示されたのでした。そして大事な点として、幼児教育を受けた子どもの知能指数（IQ）は、プログラムを施した直後は受けていない子どもよりも高かったものの、10歳頃にはその差はなくなったのです。なお、IQとは、知能検査によって得られた精神年齢を生活年齢（暦年齢）で割って100を乗じて求めた値です。指数100が平均値となります。

　能力差がなくなったため、**IQ以外の能力の大切さが注目されました。それはたとえば、忍耐力、意欲、自制心など、数値ではあらわすことのできない能力であり、それらを「非認知能力」と呼ぶようになったのです。**

　以上のような経緯から、「非認知能力」という用語は、経済的関心や保育園・幼稚園教育など幼児教育の重要性を考えるうえで使われてきました。「非認知能力」は、意欲・忍耐力・共感力・社会性・コミュニケーション力などと考えられていますが、これらの能力を引き出す保育実践の取組みが求められています。

3　研究・研修と実践

（1）新人研修

　新人研修のあり方には、次のような方法があります。

① **OJT（オン・ザ・ジョブ・トレーニング）制度**

上司や先輩社員が担当し、実務指導を行います。

② **コーチング**

決められた目標達成をサポートするために指導役が対話を行います。

③ **ティーチング**

知識や問題解決方法など、指導役が明確な答えを教えることで問題解決を図ります。

④ **メンター制度**

上司以外の先輩・同僚となる社員が、後輩社員の業務やメンタル面の悩みを聞き、相談にのる制度のことです。英語のメンター（助言者・指導者）に由来します。先輩社員などのサポートする側を「メンター」、新入社員などのサポートされる側を「メンティ」と呼びます。客観的なアドバイスができるように、メンティとは別部署に所属する社員がメンターになるのが一般的です。

メンターは、ただ指導するのとは異なり、新入社員が自ら問題解決の糸口を見つけられるように導きます。**メンター制度の導入により、新入社員をメンターがサポートすることで、入社後にすぐに辞めてしまわずに職場定着していくことが期待されます。**

また、メンター自身もキャリア形成が行われ、キャリアアップにつながります。メンティや上司から信頼を得ることで、企業内での自信にもつながっていきます。さらに社員間で親和感が高まることは、雰囲気のよい職場風土の構築にもつながります。

一方で、相性次第では、信頼感ができずに不信感が強くなる、パワハラにつながるというリスクもあり、さらなる離職につながる可能性もありますので注意が必要です。

（2）現職研修

現職研修とは、すでに採用され専門職として何年か仕事をしている人た

ちへ向けた研修です。

　幼稚園や学校の研修組織には、園務分掌（校務分掌）があり、子どもに対する教育活動に加え、その学校の教員の質的向上を目指して、研修の企画や開催が行われています。組織力を高めていくためには、教職員一人ひとりの職能の高まりが必要です。そのために**幼稚園・小・中学校の教員には校内・外部研修、視察出張があり、『教育基本法』第9条で「研修権」が保障されています。**

　しかし、保育園や障害者施設内での研修は、幼稚園や学校のように法律に明示されているわけではありません。全国保育士養成協議会や県の社会福祉協議会保育部会や施設部会などが中心となり、保育士や施設職員の専門性の維持、資質の向上が図られます。それぞれが、自主的にもキャリアアップを目指して計画的に研修することも必要です。

　一般に研修には「自主的な研修」と「職務命令による研修」「職務専念義務免除による研修」があります。また、内部研修と外部研修、所属長の命令にとらわれない自己啓発的な研修もあります。これらを効果的に組み合わせて行うことがよいとされます。

　キャリアアップなど役職等に伴った外部研修は職務命令によるものもあるため、必ずしも教職員の興味関心に伴うニーズに即したものでない場合もありますが、職務上求められる知識やスキルアップのための研修です。公務員の場合には、所属長の承認を得て職務専念義務が免除され、研修を受けることができます。研修の形態には次のようなものが挙げられます。

① **コーチング**
　上司が部下に対して教える（ティーチング）のではなく、部下が主体的に考え、実行する力を引き出す方法です。
② **ファシリテーション、トークセッション、バズセッション**
　会議やプロジェクトなどの集団活動がスムーズに進むように、また成果が上がるように支援する方法です。バズセッションはブレーンストーミン

グ形式で問題と解決策を出し合います。ブレーンストーミングを行うとき
は、よいアイデアや意見を出し合い、批判はしないという約束がありま
す。

③ ラボラトリー方式の体験学習、ワークショップ

人とかかわる実習を体験し、その体験から自分自身のかかわり方や人間
関係について気づく学び方です。

④ オンライン方式

オンラインによって、動画形式発表、ライブまたはウェブ掲示板による
質疑応答が行われます。

⑤ 講義形式、講演会

伝達講習、講師会の講話などです。

（3）研究

保育や教育に関する研究に携わるにあたっては、これまで教育研究者ら
によって理論づけられている、いわゆる理論知と実際の現場の保育者や教
師らに知られてきている実践知があります。

保育には、小・中学校教育とは違う独自性があり、保育者は、遊び・生
活経験をとおして子どもを育て導くための技術の専門性を高め、応用研究
に発展させていく必要があります。その研究は、保育の質の向上へとつな
がっていきます。

保育や教育を科学的な学問とするためには、その現場実践から論理性と
客観性を導き出していく必要があります。

現場は「数字」を活用する評価に対して批判しがちです。それは人間の
心の成長や発達、あるいは「非認知能力」は、科学や数字では計り知れな
いものがあるという考えからです。

一方で、数字は「人類・世界共通の言語」であり、これを用いて論理的
に話を展開することで、より多くの関係者から理解を得る論拠のエビデン
スを示すことができる面もあります。

*

　科学的な研究法には、フランスの哲学者・数学者のルネ・デカルト（1596〜1650）の時代から、「帰納法」と「演繹法」の2つの方法が挙げられます。

「帰納法」とは、起こった出来事から共通する部分を見つけ出し、理論化することで、新たに起こった出来事の仮説（＝結論）を立てる方法です。「演繹法」とは、すでに知られている「一般論（理論）」を基本に仮説（＝結論）を立て実践する方法です。

　一般に「科学とは事実をもとに未知を予測する」ことで、適正な解決方法に基づいた実践が、科学するうえに重要だとされます。科学における「仮説」は、医療・福祉分野では特に重要な意味を持っています。対象者の現症（現状）に対する処置（対策）の効果（影響）の仮説があってこそ、そこで行われる行為が適正であったかどうかが決定されるためです。

　科学は、論理性とともに「客観性」が重視されます。また、「再現性」も大切です。この「客観性」や「再現性」の根拠づけとなるのが数字です。

　さて、「教育」や「保育」「福祉」は、科学や学問になり得るでしょうか。私は、「保育学」「こども学」は、これからの学問のフロンティアであると思います。

　それでは教育や保育の具体的な研究内容について見ていきましょう。

*

① 何のために研究するのか？

　研究は英語で「リサーチ」です。これは、再び（リ）追求する（サーチ）という意味です。**研究とは現実の現象を説明するような理論の仮説をつくり、その仮説が確かであるという証拠を追求していくことです。**

② 何を研究するのか？

　保育・教育のなかで課題と思っていること、改善したいことをテーマに研究に取組みます。たとえば、子どもたちとの生活から「体力を向上させたい」「思いやりの心を育てたい」などの「気づき」がでてきます。それ

を個人の気づきから、園全体の保育者の共通理解として保育実践したとします。その結果、どのように子どもたちに変化があったのかを、実践レポートとしてまとめます。

　研究をレポートや論文としてまとめていく際には、気づきから発展させた「問題意識」の下、全体の「項立て」を考えます。これが、いわゆる「目次」となり、研究の骨組みとなります。プロットをしっかりと検討することが、論文の論理性を保証することになります。

　物事を始める前には下準備が重要です。「**段取り八分・仕上げ二分**」といわれます。段どりは研究の「仮説」にあたります。それで方向性が定まり、研究を進めることができます。

③　どのように研究するのか？

　同じような問題意識を持っている人がチームを組んで行う研究を、共同研究といいます。共同研究では保育園や学校の持っている共通の課題を、保育士や教師が共通理解し、主題を設定して研究に取組むことになります。研究組織が大きくなると、研究主題も抽象的になりがちですが、副題を決めて研究内容を焦点化していくと、わかりやすくなります。組織としては研究部長あるいは主任がまとめ役となり、研究を推進していきます。

　グループで共同研究を進める場合には、１〜２年間でどのような研究成果を求めるかといった目標を共有し、実践的な研究を進めていきます。

　事例研究（ケーススタディ）は、一人ひとりの子どもが抱えている問題について、担任教師あるいは少人数でのチームで取組みます。子どもの心や生活に深く踏み込んだ問題の研究になるので、支援（指導）方法など参考になることが多くなります。そこでの指導の仕方がそのまま全てに当てはまるものではありませんが、ヒントとなる知見を得ることができ、問題解決とともに自己のスキルアップにもつながります。

④　どのようにまとめるか？

　最初に「問題意識」「仮説」を書きますが、研究内容との整合性を持たせます。掲げたテーマに対し、「どのくらい迫ることができたか」につい

て要点をまとめて記述します。そして、研究を進めるうちに新たな問題や課題など、さらに追究するべき事柄もでてきます。それらは、今後の課題として、「おわりに」に書いておきます。

＊

新渡戸稲造は、学問について「**智識には限りあり、専門大家と雖、己が専門のことにつきて知らぬこと多し。智者は一を聞いて十を知らんなれども、十を知れば直に知らぬ事百出す。我れ知らずと感ずるは最高智識なり**」(『一日一言』)と述べています。

研究をすると次から次へとわからないことがでてくるのです。ソクラテス（B.C.470 ？～B.C.399）も「無知の知」＝「不知の自覚」といいました。自分は無知であると知っていることが最高の知識だといったのです。

（4）キャリア教育と研修

人材育成制度のなかで、ある職位や職務に就任するために必要とされる業務経験と順序、配置移動の道筋のことをキャリアパスといいます。

就労すると、まず新人研修が待ち受けています。仕事の入り口で心構えを学ぶ研修で、主に基本的な業務や業務に必要な法律の理解を学びます。

さらに５～10年後には中堅職員研修、20年後には管理職研修を受けることでキャリアアップしていくことが求められます。職階、仕事内容に責任がでてくるとともに給料もアップしていきます。日本は、成果主義よりは、年功序列の給与体系が採用されている職場がいまも多くあります。その年齢や経験に応じたキャリアアップの道筋が明らかになると、働く意欲に影響がでてきます。

さらに、地域のリーダーとしても活躍していく「マイスター制度」や次世代を育てるための、園長となる資格やキャリアアップ研修会等の体制づくりも必要です。マイスターとはドイツ語で「師匠、名人、スペシャリスト」という意味です。

＊

学校教育の場でも、近年「キャリア教育」ということが、いわれだしました。この用語は、平成11（1999）年の中央教育審議会（中教審）の報告書に初めて登場します。そして、平成17（2005）年から『学習指導要領』の改訂作業が進められ、随所にキャリア教育が目指す目標や内容が盛り込まれました。

　こうした社会状況に対し教育改善の方向として示されたのが、以下の3点です。

　１．キャリア教育を小学校段階から発達段階に応じて実施する
　２．家庭・地域と連携し体験的学習を重視する
　３．学校毎に目的を設定し、教育課程に位置付けて計画的に行う

　平成20（2008）年のリーマン・ショックの頃から、ニートや派遣社員、リストラという言葉がよく聞かれるようになってきました。

　平成23（2011）年の中央教育審議会では、キャリア教育・職業教育の在り方について答申し、ここで**キャリア教育を「一人一人の社会的・職業的自立に向け、必要な基盤となる能力や態度を育てることを通して、キャリア発達を促す教育」**と定義しました。

　つまり、「望ましい職業観・勤労観及び職業に関する知識や技能を身につけさせるとともに、自己の個性を理解し、主体的に進路を選択する能力・態度を育てる教育」を推進するとしたのです。

　キャリアの語源は、中世ラテン語の「車道」です。英語では競馬場や競技用のコースやトラック（行路、足跡）で、そこから、人がたどる経歴、遍歴を意味するようになりました。現在、キャリア発達とは「社会のなかで自分の役割を果たしながら、自分らしい生き方を実現していく過程」ととらえられています。

*

平成29（2017）年４月から保育園に副主任保育士、専門リーダー、職

務分野別リーダーの役職ができました。厚生労働省が保育士の待遇改善に向け、新たな昇給制度として「保育士等キャリアアップ研修」を同年4月より導入し、その施策の一環としてこれらの役職を中堅職員向けに新設しました。これにより、保育士の月給に数万円が上乗せされます。政府は、経験年数のある**中堅層保育士が段階的に昇給できる仕組みをつくり、離職防止につなげようとしたのです。**保育士には園長と主任のほかに役職がないことが多いため、20代後半～30代前半の保育士の給与が構造的に上がりにくく、保育士不足や離職率の高さの一因と指摘されていたのです。

「保育士等キャリアアップ研修」には、以下のA・B8分野の研修内容が組み込まれました。

A研修は、副主任保育士・専門リーダー（概ね7年以上の経験）の任命に必要とされます。各専門分野のリーダー的役割を担います。B研修は職務分野別リーダー（概ね3年以上の経験）の任命に必要とされます。ミドルリーダーの役割を担います（表4）。

表4　保育士等キャリアアップ研修内容

A研修の分野	内容
①乳児保育 ②幼児教育	乳児の発達に応じた保育内容、指導計画、記録、評価等 3歳以上の保育内容、指導計画、記録、評価、小学校への接続等
③障害児保育 ④食育・アレルギー対応	障害の理解、発達の援助、個別の指導計画、記録、評価等 食育計画、アレルギー疾患の理解、食事提供ガイドライン等
⑤保健衛生・安全対策 ⑥保護者支援・子育て支援	保健計画、事故防止、安全対策等ガイドライン等 相談援助、虐待予防、機関連携、地域資源活用等
B研修の分野	**内容**
⑦マネジメント ⑧保育実践	管理、リーダーシップ、組織運営等 環境構成、関わり方、遊び（身体、言葉、音楽、物）等

Ⅶ　働きやすい環境

1　雇用管理

（1）雇用環境

　従来、日本企業の代表的な人材管理の方法と欧米のグローバル企業の人材管理の方法は違っていました。日本企業は同質人材採用、年功序列賃金、終身雇用、定年制ですが、欧米企業は、多様な人材重視、エリート抜擢主義、スキルアップのための転職、成果主義が主流です。どちらの方法にもメリット、デメリットがあります。

　また、国の成り立ちから、欧米では多様な人種や言語によって社会が構成されていたため、ダイバーシティが当然です。近年、日本も国際化が進み、国境もボーダレスになってきています。時代とともに企業の目的や役割に応じて、どのような組織がよいかの条件等をよく検討し、最適な組織を考えていく必要がありそうです。

*

　日本的経営の「三種の神器」とは、「**終身雇用**」「**年功序列**」「**定年制**」を指します。この経営慣行が根付いてきたのには次のような理由があります。

　ある企業で、従業員が生産性を高め戦力となるためには、その企業のなかでノウハウを身につける必要があります。**高校や短大・大学を卒業した**

ばかりの新入社員は、会社で新人研修を受け、上司から仕事を教えてもらい、取引先との付き合い方を学び、徐々に能力を高めていきます。それは、教育や福祉の世界でも同様です。

　新入社員は人的資本が積み重なっていなくても、自身の生産性よりも高い給与を受け取れるため、会社に留まります。その後、組織独特のノウハウを身につけ戦力になっていきますが、給与の上がり方が緩やかなので、生産性があがるほどには報酬は増えません。

　しかし、社員の生産性は年齢を重ねるにつれてピークを過ぎ、やがて下降線をたどることになります。一方、年功賃金のもとでは給料は下がらず、定年までは年々上がり続けます。こうして生産性と給与は再び逆転し、両者の関係は新入社員の頃と同じになります。このように考えれば、給与が低いといって会社を辞めるのは損だとわかります。なぜなら、辞めてしまったら、歳をとって生産性が下がったときに高い給与を受け取れる権利を放棄してしまうことになるからです。

　さらに、**生産性のピーク時に会社を辞め、ほかの会社に移ったとしても、身につけているのがその会社独自のノウハウであるならば、別の会社でも同等の待遇が受けられるという保証はどこにもありません。こうして、日本独特の「終身雇用」＝「年功序列」ができあがったわけです。**

　ただ一つ問題がありました。それは、歳をとって生産性が下がった社員に対して、会社がいつまでも高い給与を払い続けるわけにはいかない点です。会社としては、社員のサラリーマン人生をトータルで見たときに、生産性と給与のバランスがとれていなくてはいけないわけです。そこで必要となるのがバランスのとれた時点で会社での人生を終了させる「定年制」で、この雇用慣行ができあがってきたのです。これからは、年金受給年齢が上がり、働けるまで働き続ける生涯現役社会になっていきそうです。

（2）社会保険

　社会保険とは、労働者が病気や事故、失業や定年により働けなくなった

場合に給付を受けるための制度です。

　具体的には、医療保険、介護保険、雇用保険、労災保険、年金保険など
の総称です。雇用されると、安心して仕事ができるように社会保険に加入
します。病気や、事故などで怪我をした場合は「医療保険」によって各種
共済から医療費の数割が負担されます。それが仕事上や通勤途中で起こっ
た場合は、「労災保険」により医療費がでます。

　さらに、働くことが難しく、一定期間の通院・入院、療養が必要になる
場合には、給料の約7割を「傷病手当」として受け取ることができます。

　また、一定期間勤めると「退職金」があります。会社の倒産や一方的な
都合で失業すると、次の仕事が見つかるまで「失業手当」を受け取れます。

2　労務管理

　労務管理は、組織における従業員を対象にした社内環境の整備を目的と
するもので、主な仕事には、人事管理と業務管理があります。

　**人事管理は人を扱う仕事であり、採用から人材育成、評価、人事異動、
昇格、配置管理など多岐にわたり、社員一人ひとりを対象とした管理とな
ります。**

　**業務管理は、福利厚生、労働安全、衛生の管理、労使関係の管理、労働
組合との折衝および調整などであり、組織全体の管理となります。**

　人事評価はある一定のルールのもとで昇給や昇格が行われることによっ
て、企業への帰属意識が高くなり、労働意欲にもつながります。反対に減
給や降格は屈辱ととらえられ、企業への帰属意識を失い、モラルの低下を
招くこともあります。全員一律の賃金カット、賃金改定の降給であって
も、働く意欲の低下は起こり得ます。これは、経営者にとって難しい判断
であり、役員の経営責任のほうが先に問われかねません。

＊

リストラにまつわる次のような事例があります。

A社に勤める課長職の50代男性が、上司からの複数回にわたる違法な「退職強要」を受けたとして、裁判所に訴えました。その判決は「意思を不当に抑圧して精神的苦痛を与えるもの」として違法性を認め、慰謝料数十万円の支払いを命じました。男性は入社後、ソフトウェアの売上管理などを担当。事業モデルの転換と今後のキャリアについて、上司と面談を8回重ね、上司から「能力を生かせる仕事はないとずっと言い続けている」「仕事がなくて、できないのに高い給料だけもらっているのって、おかしいよね」などと言われ退職を勧められたといいます。

　判決は上司の発言について「自尊心をことさら傷つけ、困惑させる言動」だとし、**退職以外に選択肢がない印象を抱かせたと指摘、男性が退職の意向はないと明言した後も面談を重ね、考え直すよう求めた点も問題視しました。上司の雇用主としてA社にも責任があると認定しました。**

　企業が社員に退職を勧めること自体は違法ではありません。しかし、失策がなくても、何度も退職を迫るなどの手法で、社員が自由な意思で決断できない状態へと追い込めば、退職勧奨ではなく違法な退職強要になることをあらわした事例です。

　退職勧奨をめぐるトラブルは、ほかの企業でも起きています。不景気ともなると特定の社員をターゲットにして、上司らがしつこく退職希望者を募ることもあるようです。しかし、社員の背後には家庭・生活があることを想像しなくてはなりません。同業者との吸収合併、新しい事業への転換など、従業員をリストラせずに済む方法を考えることも、経営者の責任なのです。

　なお、退職後、在職中の企業の競合企業・組織への転職や、競合する企業の設立などの競業行為をしてはならないという「競業避止義務」があります。ヘッドハンティングは、時に情報漏洩につながります。これは入社時に誓約書、就労規則などに規定されています。

3　人間関係とネットワーク

　専門職が多い福祉・教育の現場では、職場経験や学修経緯も多様です。保育士の場合は、短大・大学や専門学校などで幼児教育や保育学を学んできています。保育園にはほかにも、看護師や心理の専門員、家庭支援員などいろいろな職種・経歴の人がいます。それぞれが専門分野を学修していて、立場が違えば人生観も違い、子どもに対する考え方も微妙に異なることも考えられます。そんなときにいつも念頭に置きたいことは「**子どもにとって最善の利益とは何か**」ということです。全職員がその問いを共有すれば解決法が見えてきます。

　外部の専門機関と連携する必要もあります。それは、網上組織（ネットワーク）といい、近年では大変重要となってきています。それらをつないで調整するには、必ずキーパーソンとなる人物が必要です。キーパーソンには見識が高く、人柄がよく信頼されて、調整力に長けている人物が理想的です。

　地域全体で子どもの生活を支えるためには、保育園、学校、行政、病院、施設、ハローワーク、企業などといった、バラバラに存在している専門機関を、一つのまとまりのある統合化されたサービスとしてパッケージ化していく作業が必要です。ネットワークの形成により、多様な社会資源の連携ができ、子どもや障害者などの安全網（セーフティネット）ができあがるのです。

　人のライフステージを考えたときに、乳幼児期や児童期の支援だけで支援が終了とは言えなくなってきています。特に、障害のある子どもの場合は、生涯を見通して、各ライフステージに必要な支援を、行政と連携を取りながら考えていくことが必要です。

4　危機管理

　危機管理（リスクマネジメント）とは、リスクを組織的に管理し、損失などの回避または低減をはかるプロセスです。**リスクマネジメントは、主**

にリスクアセスメント（安全確保のため、潜在的な危険因子を排除すること）とリスク対応（リスク評価によって洗い出したリスクに実際に対応すること）からなります。

　さらに、リスクアセスメントは、リスク特定、リスク分析、リスク評価があります。なお、起こりうるリスクの程度を予測して、リスクに対応できる体制を取って備えることをリスクヘッジといいます。

　現場で事故が起きたときに、真っ先に行うべきは上司への「報告」です。この「報告」によって処罰が発生するのであれば、当事者は事実と向き合わなくなってしまいます。

　善意で行った場合での事故等では、個人の未熟に責任を求めるのではなく、システムの不備を見つけ改善することがなによりの基本です。個人の処罰という形で解決しようとすれば、失敗した事実を認めまいとする意志が働き、事なかれ主義や隠蔽体質を生むことになります。

　大切なことは、従業員の免責を担保した形での真相究明と被害者補償を行うことです。

＊

　福祉施設の現場で参考とされる危機管理に、「ヒヤリ・ハットの法則」があります。これは、1929年にこの法則を提唱したアメリカの損害保険会社の社員の名前を冠して「ハインリッヒの法則」とも呼ばれます。

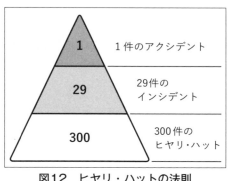

図12　ヒヤリ・ハットの法則

　これは、1つのアクシデント（重大事故）の下には29のインシデント（軽微な事故）があり、またその下には、さらに300ものそれらにつながる出来事があるという考え方です。現場ではこのヒヤリ、ハットする事例を収集・共有し、対策を練ることで、災害

や事故を減らすことができるとされています（図12）。

＊

　放課後に、河川敷で障害のある子どもが行方不明になりました。大規模な捜索もされましたが、見つかりませんでした。両親は、子どもを預けていた施設の運営母体であるNPO法人とその職員を訴えました。

　障害者の地域生活支援事業を活動する福祉サービス事業所は、厳しい財政のなかで十分な職員を雇用できない事情があります。それだけでなく、そのときの職員の体調や管理意識なども日常の業務に影響します。問題の発生にはいくつもの要因が考えられます。

　このようなとき、まずは生活指導員が1人だけで、複数の子どもを外に連れて遊びに行くリスクを検討します。特に障害のある子どもは、危険という認識が少ないので、大人が目を離したすきに、大好きな水を求めて走り出すこともあります。また、もし子どもが1人でも怪我をした場合に、残る子どもは誰が見守ることになるのでしょうか。あるいは、日頃からその子どもは多動で、ヒヤリとすることはなかったのでしょうか。そんなことを考えると、河川敷に複数の子どもを職員1人で散歩に連れていくことは止めたほうがよいということになります。

　一方で、社会性を育てるには、教室や学校を出た校外での活動を多く経験させることも必要です。校外での活動が多くなれば、事故が起きるリスクも増えることは確かですが、危険だからと、すぐに中止することも考えものです。子どもの自立や主体性の向上を目指すことは、事故発生のリスクと背中合わせでもあります。そのため、周到な計画と事前準備が必要なのです。

＊

　200X年、当時11歳だった小学生が放課後に校庭で遊んでいたときに蹴ったサッカーボールが校外に出て、それを避けようとしたバイクの男性が転倒し、のちに死亡しました。男性の死をめぐり争われた裁判があり、子どもの親はどこまで責任が問われるのかが争点となりました。最高裁が示

した結果は、学校内でのサッカー練習は人に危険が及ぶ行為とは言えず、事故は予想できなかったため、親は責任を問われないとの結論でした。

　この判決では「**親は子どもが危険な行為をしないように日頃から指導・監督をする義務がある**」としつつも、「**校庭でボールを蹴るのは日常的な行為で、人に危険が及ぶ行為とは言えない**」と指摘しました。「**たまたま人に怪我をさせても、事故が具体的に予想できない限り、親は監督責任を問われない**」と結論づけたのです。

＊

　女性防災リーダー養成講座のワークショップで、東日本大震災を経験した参加者が、「**避難所に行くための訓練ばかりしていた。その先を考えていなかった**」と言ったことがありました。震災時の津波が児童館の床下まで来ました。周囲は瓦礫（がれき）の山で、避難するにも足元が危険で大変でした。裏山にはプレハブの小さな小屋があり、そこには万が一のために毛布などを置いていたので、その日は助かりましたが、その後の生活の再建までの道のりが大変でした。

　震災のときに避難所に行くための訓練には全力を傾けます。しかし、避難したあとに電気、衣服や飲料水・食料、トイレ、風呂などの確保をいかにしていくかが計画されていませんでした。命さえ助かれば、あとはどうにかなるだろうと考えていたけれど、それでは済みませんでした。自家発電、湧水箇所の確認や井戸の確保は、避難後の最重要課題です。

　学校では年に数回の避難訓練があります。そこで子どもたちは地震と火事の避難方法を学びますが、これは先生たちの動き方の訓練でもあるのです。地震のときは、ドアや窓を開け、頭を保護しながら外に出ますが、もし台風で雨が降っていたら、また信号が破損し、道路が寸断され、親との通信が遮断されたら、どうするのでしょう。二次的に検討しておかなければならない事案が多々あるはずです。

＊

　令和3（2021）年、政府は障害者などの要支援者を災害から守るために

制度改革を行いました。それは、事業関係者へのBCP策定の義務付け、市町村への避難行動要支援者の個別避難計画作成の努力義務付け、福祉避難所ガイドラインの改定です。

　BCP（ビジネス・コンティニュティ・プラン）とは、感染症の流行や災害などの緊急事態における、企業や団体等の「事業継続計画」のことをいいます。**福祉BCPの目的は、①利用者や施設職員の安全を確保する、②重要な福祉サービスを継続する、③早期に復旧を図る、の３点を、危機的な状況にあっても速やかに行うようにすることです。**福祉での本格実施は2024年からです。

＊

　リスクマネジメントの参考となるのが、東京大学名誉教授の畑村洋太郎氏が提唱した「失敗学」です。「失敗学」とは、起こってしまった失敗に対し、責任追及のみに終始せず、物理的、個人的な「直接原因」と背景的、組織的な「根幹原因」を究明する学問です。**失敗の原因を分析することで、失敗を未然に防ぐヒントを知ることができます。**

　失敗には次の10大要因があるといいます（表5）。

表5　失敗の10大要因

	要因	概要
1	**未知**	既知の対策が通用しない未知の領域に由来すること
2	**無知**	知識の欠如により、既知の対策を実施できないこと
3	**不注意**	本来妨げていたものが、注意力の低下によって妨げないこと
4	**不遵守**	本来守るべき約束・習慣・規則が守られないこと
5	**誤判断**	判断における基準・手順・検討項目に誤りがあること
6	**調査・検討不足**	判断に用いる情報量や質、判断そのものが不十分なこと
7	**制約条件の変化**	前提としている事柄が想定外の変化をすること
8	**企画不良**	計画自体に無理があること
9	**価値観不良**	内部の価値観が周囲の価値観と著しく乖離していること
10	**組織運営不良**	組織が正常に運営されていないこと

以上に示された失敗の要因を念頭に置きながら、リスクマネジメントを考えて、研修などに生かしていくことが大切です。

5　メンタルヘルス

（1）精神疲労とストレス

ドイツの政治哲学者ハンナ・アーレント（1906〜1975）は、**人間の行動を3種類に分類しました。1つは「活動」で、自発的にやること。心からやりたくてやる純粋な行動。2つは「仕事」で個人的な誇りをもってやること。強制されているわけでなく、むしろやる気は満ち溢れていること。3つは「労働」であり、完全に生きるためにやっていること。**

3から1の順に人間の行動としては高次であるとし、さしあたって苦役（くえき）としての労働を仕事に変えていかねばならないとしました。苦役である場合には、人間には強いストレスがかかるためです。

＊

労働を苦役と認識している間は、強いストレスが持続している状態です。そんなときには、動機づけを再認識することです。自分は、「何のためにこの労働（仕事）をしているのか？」「子どもが可愛くて、その子どもの成長を見守る仕事に携わりたかったのではないか」などです。

すると、このような大きな命題から、だいぶ外れたことで悩んでいる自分に気付くことができます。たとえばそれは、「職場の人間関係」「上司との関係」「保護者からのクレーム対応」などです。それらは本来の目的からはズレています。そんなときには、現在の困りごとを、上司にはっきりと言ったり、相談したりすることが必要です。

問題や困りごとを一人で抱え込んで、「うつ病」や「適応障害」「不安障害」などになってからでは、快復のために大変な時間と労力、医療資源の活用が必要となり、職場のみならず家族など周囲へも迷惑をかけることにもなります。

心しておくことは、困りごとは翌日に持ち越さない、できればその日の
うちに解決し、スッキリとした状態で睡眠につくことです。夜に眠れない
状態が続いたときは要注意です。精神が徐々に疲弊して、うつ病などを発
症する可能性があります。

＊

　精神障害の場合には、自分で「病識」を持てないという問題がありま
す。たとえば、次から次へと仕事が舞い込んでくると、時間に追われ、い
つまで経っても仕事が終わらない感覚で、気づかないうちに精神が疲弊し
てしまいます。

　さらには、その状態から逃れるため、アルコール、パチンコ、薬物、睡
眠薬などの依存症になったり、消えてしまいたい、といった危険な精神状
態となったりします。とにかく苦しくて、いまの状態から抜け出してなん
とか楽になりたいのです。

　このような状態になる前に、管理職は部下の精神状態を把握することが
必要です。あわせて管理職自身がこのような状態になってしまわないよう
に、日頃から自分の精神衛生にも気をつけることが大切です。休日には温
泉、トレッキング、ドライブ、旅行、グルメ店めぐり、家庭菜園などのリ
フレッシュ活動ができるとよいでしょう。

　近年は、職場の健康診断でストレスチェックが行われるようになってい
ますが、そのチェックに基づいて精神科医師による面接が年に２回くらい
実施されるのが望ましいでしょう。危険信号をいち早く察して、管理職が
家族をとおして休養を促すなどの助言を行い、対応します。

　教育や保育・福祉現場には、人的な余裕がなく、数日でも休まれては困
るのが現状です。一方で、無理をしてでも勤務を続けようとしていると、
ストレスがたまっていることになかなか気づきません。そうならないため
にも、日頃から労働時間の管理、残業や仕事の軽減、休息・休憩をきちん
と取るなど、職員が互いに気づき合い、精神的な病気に至らない労務管理
が大切になってきます。

　200X年に裁判所は、ある学校長がパワハラで部下の教員を自殺するまでに追い込んだと認定しました。精神的負荷（ストレス）をかけて死に追いやったのです。**教育委員会は校長に対し、「パワハラ」の指示をした覚えはないため、『国家賠償法』により、損害賠償はパワハラをした校長（重大な過失があると考えます）が背負うことになり、被害者、加害者とも互いに不幸な状態になりました。何か問題が生じたときには、複数の管理職で協議することで感情をコントロールするようなマネジメントが必要です。「怒り」（アンガー）を上手にコントロールすることを「アンガーマネジメント」といいます。「怒り」の感情は誰にでもありますが、一時の怒りが、その後の人生を破壊してしまうこともあるのです。怒りをうまく分散させて、消去する方法を覚えることが必要です。**

　今日、教育現場ではストレスにより、うつ病などになり、精神を病む教員が増えています。ある県では小学校で教員間の「いじめ」があって問題となりました。部下の仕事を支えるのが管理職の仕事であり、雰囲気のよい環境づくりが大切です。しかし、管理職自身が、職場の雰囲気を悪くしていることもあります。教育現場でのいじめや暴力はあってはいけないことですが、なかには勤務評価により、精神的に追い詰める管理職がいないとも限りません。勤務評価は、主任などの意見をよく聞いて、感情的にならないように心がけるようにします。

（2）発達障害者等の採用・雇用

　発達障害あるいはそれが疑われる19歳以上の大人は、100人に2〜3人はいるとされ、医療への相談件数も年々増加しています。発達障害のある人は、コミュニケーションが苦手、人の気持ちを理解しにくい、特定の物事へのこだわりが強い、感覚に敏感などの特性があるため、経営状況が悪化したときには最初にリストラの対象とされやすくなります。

　平成18（2006）年に『障害者自立支援法』（現在の『障害者総合福祉法』）が

施行され、発達障害者にも「障害者手帳」が発行できるようになりました。

　平成28（2016）年には、『障害者差別解消法』『障害者雇用推進法』が施行され、発達障害を含む精神障害者も雇用義務の対象となりました。このように、会社で働きやすい環境はできつつあるのですが、職場の理解がそれに追いついていないところがあります。

　さらに、障害者であることを隠した「クローズ就労」を続けているケースもあり、職場からの（合理的）配慮がなされないため、「仕事ができない」とか「協調性がない」などと排除されやすい傾向にあります。

　じつは、障害者雇用は法律により、**法定雇用率、納付金や調整金・助成金支給の規約**があり、企業にも社会的メリットがあります。クローズ就労の場合は、通常の雇用となるためこういった配慮はありません。

　いずれにしても職場では、従業員への障害に関する啓発活動、研修等を進め、働きやすい環境づくりを進めていくことが望ましいのです。

＊

　発達障害の特性として、症状の軽重があります。症状を一概に理解するのは難しいため、自分で次のようなチェックをしたうえで、医師と相談するのも一つの方法です。

- ☐ 時間に遅れる・遅刻をする
- ☐ ホウ・レン・ソウ（報告・連絡・相談）ができない
- ☐ 片づけ・整理ができない、物をなくす
- ☐ 仕事の納期が守れない
- ☐ 同じミスを繰り返す
- ☐ 相手の気持ちや状況を考えず、一方的に話す
- ☐ 人の話や指示を聞けない
- ☐ 上司や同僚とのやり取りが難しい
- ☐ 優先順位・段取りがつけられない

---

*

このような特性に対しては、本人のヒアリングによる合意のもとで適切な支援と「合理的配慮」をする必要があり、配慮をしないことは差別と考えられるようになりました。たとえば、「合理的配慮」とは、次のようなことが挙げられます。

□**感覚過敏への配慮**

ノイズキャンセラー、PCメガネ、サングラス、パーテーション、席の位置の工夫等

□**短期記憶の弱さ・視覚認知への配慮**

スケジュールの可視化・共有、メール・メモ等の視覚的な伝達方法の導入等

□**体調管理への配慮**

時短勤務、フレックス制を活用、外部の専門家（医療機関等）との連携等

□**ミスを防ぐチェック体制の整備**

複数人でのチェック体制、ミスを容易に発見できる工夫、チェックリストの作成等

□**できないと思われる仕事は無理してやらせない**

周囲の理解を得て、衝突することなく得意な仕事をさせるようにする、事務仕事など高い対人能力を発揮しなくてもよい部署に配置する等

また、合理的配慮を行ううえでの留意事項は次のとおりです。

① 周囲への説明を怠らず、当事者との合意のもとで行う

仕事では配慮する人としない人の線引きをしないようにします。本来であれば会社の全員に合理的配慮は必要と考えます。雇用したからには、その人に合った仕事を見つけることが必要です。これは、これからの人事・

管理職に必要な「労務管理能力」です。

② 人とコミュニケーションが苦手な場合が多いため、冗談が理解できず、集団から排除され、いじめられていることがある

対人関係よりもパソコンの業務や商品の品出しをするバックヤードの仕事が適している人も多いものです。人に対して恐怖や不安を感じていることがあるので、よき理解者となれるキーパーソンとチームを組ませるのがよいでしょう。

③ 精神的不安が高じると、精神障害を併発することがある

「〜しなければならない」など、無理に周囲から圧力があると強いストレスを感じやすいものです。過集中にもなりやすく、倒れやすいため、仕事には余裕をもたせます。管理職は、ストレス状態を把握しながら、仕事の質と量を調整する必要があります。

④ 週に1回程度、仕事の進み具合などのヒアリングやカウンセリングを行う

人間関係を負担に感じ、ネガティブに物事をとらえていることがあります。カウンセリングによりポジティブな考え方にリフレーミングするようにかかわります。リフレーミングとは、物事を見る枠組み（フレーム）を変えて、違う視点で捉え、物事をポジティブに見られる状態になることです。

以上の「合理的配慮」を進め、障害のある職員を排除（エクスクルーズ）するのではなく、包摂（インクルーズ）する方法を考え、みんなが気持ちよく意欲を持って働ける環境をつくることです。

今日、チャットGPTが話題となっています。これは、高度なAI（人工知能）が、対話によって文章をつくり上げてくれるというものです。さらに性能が向上していくことで、障害のある人にとっては仕事の支援ツールとして活用できることが期待され、大変心強いサービスといえます。

会社の仕事に個人があわせることも大切ですが、**人を財産、つまり「人**

財」と考え、一人ひとりの特性にあわせて、その人の能力を発揮できる職場の体制づくりが大切です。「仕事に人をあわせる」から、「人に仕事をあわせる」という発想の転換が必要です。このことは、特に障害者だけでなく妊婦、要介護者、高齢者、ひとり親家庭、外国人などの多くの社会的弱者たちにも当てはまります。

　また、障害とまではいえないけれども**感覚が極めて敏感な人（HSP：ハイパー・センシィティブ・パーソン）**は、全人口の1.5〜2割ほどいるとされます。発達障害に限らず、周囲に敏感に反応する自分の症状を言い出しにくい人も多いのでしょう。そういった人たちへの配慮もこれからの職場では多く求められてくると思います。

惣別能御大将は　　武辺の儀は申すに及ばず　　文有て　　慈悲ふかし

　武田信玄の『甲陽軍鑑』命期巻より。

　意味は、すぐれた大将は武道はもとより、文筆もあり慈悲深いということ。かつてよりリーダーは、慈悲深い心を持つことが大切とされていたことがわかる。

Ⅷ　歴史

　古代ギリシャの歴史家ヘロドトス（B.C.484頃～B.C.425頃）の『歴史』
は、紀元前5世紀のペルシャ戦争を記述したもので、歴史という概念の成
立に大きな影響を残しました。そのためヘロドトスは「歴史の父」と呼ば
れています。

　そもそも「歴史」という言葉は、軍功を重ねることを意味する「歴」
と、祭事＝政事の記録を意味する「史」から成立しました。福祉や教育の
歴史には、刀を交えた戦いはありませんが、戦争や災害とは深い関係があ
ります。そこには人の権利を確立し、より豊かな社会を目指してきた闘い
がありました。

　江戸時代の儒学者・荻生徂徠（1666～1728）が、歴史にこそ人間の知恵
が宿されているとして、「**学問は歴史に極まり候事に候**」（『徂徠先生答問
書』）と言いました。

　現在の教育や福祉の状況を知るためには、過去を知る必要があります。
人間社会は「過去―現在―未来」と連続しており、突如として事象があら
われるのではありません。そこには原因と結果の因果関係があり、それを
知ることで社会の現状と課題への理解を深めることができます。

　いまの立ち位置を知り、未来を展望するためには、これまで日本が歩ん
できた歴史を知ることは大切です。

1　福祉社会の形成

　近代の障害児・者の福祉施策は、いくつもの自然災害と戦争による「孤児」と「戦傷病者」の発生から見ることができます。精神障害者は、長い間にわたり医療の領域とされ、福祉のサービス支援は疎かになっていました。

　古代には、「福祉」という言葉こそありませんでしたが、人を慈み愛するような施しはありました。国を治めた天皇や為政者たちは、リーダーシップを発揮し、仏教やキリスト教の浸透をとおして、社会に発生した病気や自然災害、戦争に対応し、平和な世の中（社会）をつくる政策を進めてきたと考えられます。

　これより、古代から現代までの福祉と教育の歴史を概観します。

（1）古代社会

　仏教が朝鮮半島から日本に伝来したのは6世紀の中頃が通説です。日本には固有の古神道があったとされますが、仏教の伝来の後、新しい宗教とのせめぎ合いがありました。

　推古天皇（554〜628）の時代に、摂政・厩戸皇子（聖徳太子）（574〜622）は日本最初の憲法となる『十七条憲法』を制定しました。慈善事業として四天王寺を建立し「四箇院（敬田院・施薬院・療病院・悲田院）」を設置します。それぞれ敬田院＝寺院、施薬院・療病院＝薬局・病院、悲田院＝社会福祉施設の役割を持つもので、悲田とは、慈悲の心で貧者に施せば、福徳を生み出す田となるという意味です。

　大化元（645）年「大化の改新」がはじまりました。律令制を採用し、法律によって国を治めることになりました。

　時代は下り、聖武天皇の御世、天平7（735）年に大宰府で「豌豆瘡（天然痘）」、天平9（737）年には「天然痘」が流行し、これにより全国で人口の25％（約100万人？）が亡くなったとされます。そのため、聖武天皇

は平穏な世の中を望み、天平13（741）年に全国に国分寺、国分尼寺造営の 詔 、天平15（743）年に奈良東大寺の大仏造立の詔を発します。僧侶の 行 基（668〜749）も、仏教の普及に努めるかたわら、民衆への救済にも力を入れました。

　そして、天災や飢饉に際しては、民に籾の配給と調（布で納める税）の免除を行いました（『続日本紀』）。しかし、奈良時代には再び疫病が流行します。

＊

　聖武天皇の妃である光明皇后（701〜760）は仏教に篤く帰依し、貧しく家で保養できない人を収容するため、新たに施設「施薬院」「悲田院」を設置、無料で病人や孤児を引き取って世話をしました。奈良の法華寺には蒸し風呂がつくられ、皇后は「私は1000人の貧民を風呂にいれ垢を擦ります」という誓をたて、それを実践したとされます。最後に来た人は膿にまみれていて、身体を拭いたあと膿を口で吸いだしたところ、その人は輝き、煩悩に屈しない堅固な決意の仏（阿閦如来）になったという伝説があります。ことの真偽は別として、政治にかかわるには慈悲の心が大切であることが伝わってきます。

　施薬院には諸国の薬草を集め、病人に治療を施しました。施薬院と悲田院は、娘の孝謙天皇（718〜770）にも引き継がれ、それが室町時代まで続いたとされます。仏教にある「慈悲」の思想が、徐々に社会のなかに浸透したと思われます。

＊

　清和天皇（850〜881）の時代は災害の世とされます。貞観3（861）年に京都で赤痢、翌々年には咳逆（インフルエンザと思われる）が流行。貞観6（864）年には富士山が大噴火。さらに貞観11（869）年、陸奥国に巨大地震（マグニチュード8以上とも）が発生しました（『日本三代実録』）。

　各地で疫病や震災が起こり、夥しい死者がでたため、死者の怨霊を鎮めるために貞観5（863）年に京都で初の祇園祭（御霊会）が行われました。

この頃から民に穢（けがれ）に対する意識ができ、病に伝染（うつ）らないように水や塩で身を清めるようになります。死を忌み嫌う感情も生まれ、いまでも葬式やお墓にお参りした後は、塩で清める行為が残っています。

＊

　延喜（えんぎ）15（915）年には、陸奥国の十和田で噴火があり（『扶桑略記（ふそうりゃくき）』）、平安京で痘瘡（とうそう）（天然痘）が流行。さらに、天慶9（946）年には日本海を隔てた対岸、朝鮮半島の白頭山が噴火。そのため多くの難民が発生し、北海道・東北にも渡海してきました。

　古代社会では天災や武力集団の戦いによって、混乱や難民、飢餓が繰り返し発生していました。人々は合従連衡（がっしょうれんこう）しながら、一族や家族を中心にして、時の流れに柔軟に対応できた集団が生き残っていきました。そして、日本の各地には徐々に武力を持った豪族が生まれてきたのです。

　この頃の東北地方は、朝廷の権力が及ばない半ば独立国家（みちのおく＝陸奥（むつ）、奥六郡（おくろくぐん））でした。その土地に「源氏」（源頼義・義家の親子）が陸奥守に任ぜられてきます。その源氏と蝦夷（えぞ）の俘囚（ふしゅう）長・安倍（貞任（さだとう）ら）氏との戦いとなるに及んで、父で族長の安倍頼時（よりとき）は「人倫の世に在るは、皆妻子の為なり。貞任愚（おろか）なりと雖（いえど）も、父子の愛棄て忘る、事能はず」（『陸奥話記（わき）』）と言って、家族・一族を守るために源氏との戦を決意します。

　永承6（1051）年、東北で安倍氏が朝廷に反抗する「前九年の役」が起こります。約9年間の戦いの末、源氏側が勝ちます。さらに出羽（秋田県）の俘囚長・清原氏のお家騒動に源氏が介入して「後三年の役」が起こり、清原氏は滅亡します。こうした戦いを経て源氏は東北で有力な豪族を倒し、東国地方に権力の基盤を築いていきます。

（2）中世社会

　度重なる天災や戦火、病気を前に人々は心の救いを求めました。鎌倉期には浄土思想や禅宗の伝来の影響によって、浄土宗（じょうど）（法然）、浄土真宗（じょうどしん）（親鸞（にちれん））、日蓮宗（日蓮）、曹洞宗（そうとう）（道元）などの新しい仏教が生まれまし

た。宗教学者の梅原猛(うめはらたけし)（1925〜2019）によると、新仏教には「草木国土悉(そうもくこくどしっ)皆成仏(かいじょうぶつ)」という平等性の高い共通する「共生の思想(ともいき)」があったといいます。

　平安仏教は主に貴族の宗教で、立派な仏舎、学問的教養が必要でしたが、鎌倉期には念仏やお題目を唱えるだけで極楽浄土に行くことができるという教えの仏教が、武士や庶民の間に普及した時代でした。

　さらに、社会の形成に大きな影響を与えたのが「武士団」でした。これは、棟梁(とうりょう)を頂点として土地や作物を外敵の収奪から守る自警団のようなものが発展していったとされます。武士団組織が、以後の政治行政・軍隊、座や株仲間などの組織に大きな影響を与えることになります。

　ほかに農村には「結(ゆい)」が自然発生的に組織化されました。地域の民衆が、相互の利益になる事業をするときに協力したのです。村の行事、火事や葬式、農繁期には相互に助け合ってきました。

（3）近世社会

　戦国時代に入ると経済政策面では、織田信長はじめ戦国大名が支配地で「楽市・楽座」を行いました。「楽市」とは規制がなく自由な市場のこと。「座」とは同業組合のような組織で、「楽座」はそれを廃止して、商売を自由にしたのです。これにより、経済活動も活発になってきました。

　天文12（1543）年、種子島に鉄砲が伝来したことによって合戦の様子が一変します。刀や槍が中心の戦闘から鉄砲が中心の戦術となり、各大名は、製鉄技術を支配・保護するようになっていきました。九州地方の大名により、東南アジアとの交易が活発化していきました。

　またポルトガル宣教師らによって、鉄砲とともにキリスト教も伝わってきます。キリスト教の教えの黄金律に「隣人愛（アガペー）」があり、宣教師らは病人や貧困者の救済にあたり、福祉事業が行われたとされます。

　ただし、当時の宣教師は商人としての面もあり、奴隷貿易にも関係していたとされます。豊臣秀吉は、日本人が奴隷貿易の対象となっていたこと

を知り、天正15（1587）年に「伴天連追放令」を発し、キリスト教布教と南蛮貿易を禁じる政策をとりました。

＊

　慶長5（1600）年の関ヶ原の戦いに勝利した徳川家康は、260年間続く江戸幕府の基礎をつくり、その政治戦略や統治能力は卓越していたとされます。江戸幕府は、土地と家名にこだわる日本的文化のもとで軍隊をつくりました。大名の俸禄はいわゆる軍事費で、「軍役」として務める義務がありました。この永代雇用制度が武士のモチベーションを支えたのです。

　江戸時代の財政については、知行地（年貢の徴収権を認めた土地）から「地代」として約40％の年貢を取り、それを領国の消費に当てていました。近代的な「税」の考え方とは異なり、領主が取り立てた地代で住民サービスをするという福祉的な義務や発想もなかったようです。

　しかし、のちの大名たちは、儒教の普及により「仁政」を行うものと考えられるようになり、年貢（税）で住民に対する最低限の施策を行うようになっていきました。

＊

　江戸時代には、自然的な諸災害や擾乱などによって起こった寛永（全国規模）、享保（特に西日本）、天明（東日本全体）、天保（特に東北地方）の四大飢饉があり、特に東北では、天保4（1833）年に起こった飢饉の被害は甚大でした。

　そのため秋田藩では、「講」の精神を受け継ぎ、困窮時の救済のための「秋田感恩講」が文政12（1829）年に創設されました。「講」とは、中世から存在する宗教的、経済的共同・会合組織で、相互扶助的な団体や会合のことです。秋田藩には「**上下の関係なく平等の立場で、町民相互が助け合い守り合っていく**」という**言葉**が残っています。藩主の意向を受けた町奉行が、困窮者救済の資金調達の方法を藩の御用商人に求めました。これを受け、御用商人は知行地を買い入れ、そこから生じる毎年の年貢により救済事業を続ける方法を考え出しました。

天保4（1833）年の大飢饉のときには、飢餓や疫病により多数の犠牲者をだしながらも秋田では救済を行った記録があります。

　その精神は、明治38（1905）年、「感恩講児童保育院」の開設に、受け継がれます。感恩講は日本における非営利組織（NPO）活動の先駆けとして、国際的にも高い評価を得ています。

（4）近現代の戦争と福祉

　嘉永6（1853）年のペリー来航を機に、日本は開国への途をたどっていきます。その当時の欧米列強国は植民地政策をとっており、領土を略取し植民地化することを目的として、自国の国益のための戦争を行っていました。

　他国の植民地とされないように、国を強くする「国防」を早くから考えていた人物がいました。それは岩手から長崎の鳴滝塾に蘭学（オランダ語・医学・国防等）を学ぶために留学していた高野長英（1804〜1850）です。

　鳴滝塾はドイツの植物学者・軍医シーボルト（1796〜1866）が開設した診療所兼学舎で、日本各地から集まってきた多くの医者や若者に門戸を開いていました。シーボルトには、国情視察の役割もあったようで、後年、幕府によって禁じられていた日本地図などを持ち出そうとしたことが、帰国の際の船の難破によって露呈し、「シーボルト事件」が起きます。

　長英は、恩師シーボルトを通じて近い将来に日本に黒船が来航する情報を得ていました。当時、安穏としていた幕府に対し、危機感をいだき、長崎から江戸に出た長英は、天保9（1838）年、日本国防に関する『戊戌夢物語』を著しました。これが幕府・町奉行の怒りに触れ、天保10（1839）年、長英は日本橋伝馬町の牢屋敷に投獄されます。いわゆる「蛮社の獄」です。

　それから約5年ほど後、国防に関する翻訳書の写しが江戸市中に出回りました。このようなオランダ語と日本語の翻訳作業ができるのは、当時、

長英をおいて考えられなかったようです。嘉永3（1850）年、町奉行所は長英を探し出し再度捕縛しますが、その際に暴行を受け、すでに半死半生の状態であり、護送の最中に絶命しました。享年47でした。

＊

　天保9（1838）年、水戸藩藩主であった徳川斉昭<ruby>斉昭<rt>なりあき</rt></ruby>（1800〜1860）は、「仁政を施すべき幕藩領主が、<ruby>奢侈<rt>しゃし</rt></ruby>に浸り武芸をおろそかにし、天保飢饉のさなか、農民が餓死するのを見殺しにしている一方、欧米列強が武備の衰えた日本をねらっている」（『<ruby>戊戌封事<rt>ぼじゅつふうじ</rt></ruby>』）という状況を、「<ruby>内憂外患<rt>ないゆうがいかん</rt></ruby>」という言葉で表現しました。国内が飢饉などで苦しいなか、モリソン号事件や大塩平八郎の乱など国内外で危機的な状態でした。これを憂いて斉昭が上奏したのです。

　また、幕府はロシアが南下してくるのを防ぐため、寛政以降数度にわたり<ruby>弘前藩<rt>ひろさき</rt></ruby>や盛岡藩（岩手県）に北海道の蝦夷地警備を命じます。その功績が認められ、盛岡藩は家格が上がりますが、同時に軍役賦課や様々な諸負担が増加することになりました。藩はさらなる諸負担を領民に転嫁しました。

　盛岡藩の太平洋沿岸では「初夏の冷たい風（ヤマセ）」で冷害が発生します。そこに天保の飢饉が起こり、藩内がさらに疲弊しているところに、岩手沿岸の<ruby>三閉伊通<rt>さんへい</rt></ruby>に商工漁業の専売化や課税負担加増などの圧政に対し、「三閉伊一揆」がおこりました。この一揆の先立ちとなったのが、上閉伊郡栗林村（釜石）で<ruby>荷駄商<rt>にだあきな</rt></ruby>いをしていた**三浦命助**<ruby>三浦命助<rt>めいすけ</rt></ruby>（1820〜1864）でした。家族を残し仙台、京都へと逃れ、数年後に盛岡藩内に戻ってきたところを役人に捕縛され、獄中で衰弱死します。享年45でした。

　現在、生家前の<ruby>碑<rt>いしぶみ</rt></ruby>には、「**自ら適切なる交渉によって民衆の苦難を救い、藩政の改革に成功したが、事急であったので一部の誤解、反感を受け、牢死の悲運に遭った。然し彼は、常に人間を日月に比し、人間尊重の生活を実現する為に、自己を犠牲にすることはいとわなかった**」と刻まれています。藩の政治に対して、人間としての権利を主張し、「人権を尊重する精神」は通俗道徳として民衆のなかに芽生えていたと考えられます。

　慶応3（1867）年、大政奉還を経て、薩摩藩の大久保利通（1830〜1878）は、朝廷・公家の岩倉具視（1825〜1883）らとともに王政復古を行います。いわゆる「明治維新」です。慶応4（1868）年に薩摩・長州藩らと会津・桑名（三重県北部）藩らとの「鳥羽・伏見の戦い」が起こり、これが「戊辰戦争」の発端となります。しかし、東北には旧幕府軍の勢力が多く、薩長などの倒幕派は、奥羽諸藩に出動、戦場は奥羽北越の全体に波及しました。ここに東北諸藩は「奥羽越列藩同盟」を結成し、薩長排撃に転じます。

　盛岡藩主名代として京都に長く派遣されていた若き家老の楢山佐渡（1831〜1869）は、京都での薩長両藩の専横に憤りを持っていたため、仙台藩を中心とする同盟結成に導きました。重税に耐えかねて一揆を起こした領民にも唯一信頼されていた家老でした。佐渡は、同盟の主導者となりますが、戊辰戦争後、「責任は自分一人が腹を切ればよい」と心に決め、明治2（1869）年に報恩寺（盛岡市）で処刑されます。

　その寺の土塀の周りを涙して歩いていたのが、若き原敬でした。原はその後、藩の汚名を晴らすため、首相にまで昇りつめます。同じく逆賊のそしりをうけた会津藩の山川健次郎（1854〜1931）は、学問の世界で苦境をのりこえて東京帝国大学総長になります。そのもとで盛岡藩の田中舘愛橘（1856〜1952）は、日本に「ローマ字」や「度量衡」を導入し、近代日本科学の基礎をつくり、文化勲章を受けました。

＊

　戊辰戦争後、東北の多くの藩は逆賊と見做されたことで辛酸を嘗めることになりました。特に最後まで抵抗した会津藩は会津松平家を継いだ容大らとともに、下北半島地域を与えられ、斗南藩をつくりました。このとき、開拓に協力をしたのが南部藩士の新渡戸伝（1793〜1871）でした。その孫に当たるのが、のちに国際連盟事務局長になった新渡戸稲造です。日本の精神である名著『武士道』を著しました。

儒教の教えに「惻隠の心仁之端成」とあります。「惻隠の心」とは、困っている人を見ていたたまれなくなる心のことです。孟子は人間の本質として「善」を説きました。人間が本来持っている「仁義礼智の四端」をどんどん伸ばすのがよいとしたのです。孔子によれば、仁は「忠恕」（まごころと思いやり）の精神です。数学者でエッセイストの藤原正彦氏は「惻隠こそ武士道精神の中軸です」（『国家の品格』）といいます。人々がこの心を持てば、世の中の差別はなくなると考えています。

*

明治になり、徳川家の政治と領地と人民を天皇に返還する版籍奉還が行われました。岩倉は欧米への使節団長として欧米文化に触れ、日本の文明開化の必要性を痛感し、帰国後に日本鉄道会社を設立しました。

大久保は、イギリスやフランスは日本のモデルとならないと感じていました。当時はプロイセンの宰相・ビスマルクがドイツを統一し、強力な産業振興政策、官僚制度を推し進めていました。真の国力は「軍事力」であると主張して憚らなかったといい、大久保は、その制度を日本に取り入れました。

（5）企業のはじまりと社会保険

江戸時代の天保年間は、商人組織「株仲間」などの既得権益が強固となり、市場への新規参入ができず、閉塞感が漂う時代となっていました。「株仲間」とは、幕府・諸藩が許可した商工業者の同業組合のことです。幕府や藩に冥加金を納めさせたことで、競争を防ぎ、独占的に利益を吸い上げました。「株」とは営業権の意味があります。

しかし、江戸時代の幕府や藩という社会は大きな欠陥を持っていました。農業をする農民から年貢（税収）を取るという発想はありましたが、商業・工業・サービス業から税金は取れるかどうかわからなかったのです。

*

元幕臣で実業家の渋沢栄一（1840～1931）は日本の近代化に大きな役割を果たしました。経済の「殖産興業」を担い、大規模な生産活動を可能にする「合本組織（株式会社）」の導入を進めたのです。渋沢は、当時の江戸の商人気質を「**幕府や藩の役人の顔色だけうかがう気概のない者ばかりだった。既得権益があり新規参入ができない。そこには商業上の努力や工夫がない**」と述べています。商人たちの精神をなんとか変えようと、『論語』の教えに目を付けました。商業の発展にあわせて、学問の必要性も感じていたようです。名著『論語と算盤』を著し、利潤と道徳の調和を説きました。

　商業での人材育成ということで一橋大学、女子教育では東京女子大学の創設にも尽力しました。日本を担う人材は幼児からの教育が重要で、そのためには「良妻賢母」の育成が大切であると考えました。産業を興すため製鉄や生糸工場をつくりました。鉄道は、大量物資や人員の輸送を可能にしたのです。

「会社」という概念が導入されたのもこの頃で、明治4（1871）年に大蔵省から『立会略則』（渋沢栄一著）、『会社弁』（福地源一郎著）という書物も刊行され、会社のつくり方を教えました。**人々がお金を出し合って事業を興し、出資者から委託された経営者がその事業を経営するという仕組みです。事業の成績が悪ければ経営者はクビになります。国は口を出さず、事業者たちの自由にさせることで、事業者たちが勝手に競争したり、創意工夫をしたりしているうちに産業が発展していくと考えました。**

　一方で経済活動から取り残され、落ちこぼれる人々を憂慮し、社会として救済することも考えていました。社会には、経済発展で華やぐ「表」と、取り残される「裏」があることを想定していたのです。

　そこで、福祉の分野にも力を入れました。障害児施設「滝乃川学園」の創設にもかかわり、3代目理事長に就任しています。そのときの園長は、日本の知的障害児教育の父と称される石井亮一（1867～1937）でした。

　渋沢が生涯でかかわった公共、福祉施設は総じて約600事業あったとさ

れます。日本最初の公立福祉施設である「東京市養育院」の開設運営にも携わり、明治23（1890）年から院長を務めました。ここは身寄りのない子ども、老人、路上生活者や障害者などを救済する日本最初の公立救貧施設でした。

　また、開国と同時に外国人がやってくるようになり、物乞いなどが東京の街にうろついては体裁が悪いと、本郷旧加賀藩邸（東京大学赤門の隣）に収容したとされます。

　そして、**収容者が増加すると分院が巣鴨に開設され、児童はそこに収容されました。その後、巣鴨の児童だけを滝乃川学園に移し、さらにそのなかで感化（非行を正す）を要する者は井之頭学校（東京都武蔵野市）を設けて分離しました。虚弱児のためには安房分院（千葉県館山市）をつくり、重症児や肺結核児童のためには、板橋分院（現在の東京都健康長寿医療センター）をつくって収容できるようにもしました。**

＊

　世界に目を向けると、1871年、ドイツ帝国が成立。1883年、ビスマルクは労働者を対象にした「疾病保険制度」を世界に先駆けて制定しました。その時代、ドイツでは工業の発展に伴い労働者が台頭し、社会主義運動も激しくなっていました。そこで、**ビスマルクは社会主義者を弾圧する一方で、労働者を疾病から守る政策も推し進めたのです。これは「アメ（飴）とムチ（鞭）政策」といわれました。**

　ビスマルクは、国のために働いた動けなくなった市民を放置するようではプロイセンの未来はないと考え、社会保険制度をつくったといわれています。国のために働いた人は、最後まで国が面倒を見るという考え方でした。

　明治政府はこのドイツ帝国を手本に、「殖産興業」と「富国強兵」を推し進めました。のちに、これらの政策は日本に正だけでなく負の遺産をもたらすことになりますが、アジア諸国の多くが西欧列国の植民地になっていたことを思うと、日本が国防のために「富国強兵」を進めたことは、時

代の趨勢だったのかもしれません。

　社会保障という面でも、日本はドイツの政策を参考としています。社会保障の対象が一般の労働者にも拡大され、昭和17（1942）年には、「労働者年金保険制度」（昭和19年から「厚生年金保険」に改称）の運営がはじまります。この制度は、その後、戦時中に現在の年金制度の基礎が誕生し、戦後の昭和36（1961）年から国民全員が加入する「国民皆年金制度」となりました。

（6）『恤救規則』と生活保護

　明治元（1868）年、『堕胎禁止令』布告、明治4（1871）年『棄児養育米給与方』、明治6（1873）年『三子出産ノ貧困者へ養育料給与方』が制定されます。

　現在の『生活保護法』の歴史は、明治7（1874）年12月に制定された『恤救規則』にたどり着きます。恤とは「あわれむ、めぐむ」という意味です。

　なお、明治22（1889）年に『大日本帝国憲法』が発布されますが、この憲法には、生活が困難になった人が保護を受ける権利を保障する条文はありませんでした。

『恤救規則』は前文と5つの条文からなるごく短い法令です。前文には**「貧者を救済したり、憐れんで助けたりすることは、本来人々がお互い自発的な意志で行うものである。しかし、だれにも頼ることができず、放って置く訳にもいかないような者については、この規則に基づいて救済する」**という意味のことが書いてありました。救済対象は、①障害者、②70歳以上の者、③病気の者、④親のない13歳以下の児童の4つのカテゴリーでした。

　この『恤救規則』を経て、ようやく昭和4（1929）年に『救護法』が成立し、市町村は生活困窮者を助ける義務を負うことになったのです。

＊

明治27（1894）年、日清戦争が勃発し、広島市に大本営が置かれました。

戦地ではコレラやチフスなどの伝染病が流行し、それを持ち込んだ凱旋兵から市中への伝染を防ぐため、帝国陸軍の似島検疫所（広島市）が、医師であり政治家でもあった検疫部事務官長の後藤新平（1857〜1929）の尽力によって明治28（1895）年に開設されました。検疫所をたくさんつくり、水際で防ぐことで、全国に拡大するのを阻止しました。

後藤は、明治15（1882）年、日本で最初の政党内閣を組織した板垣退助（1837〜1919）が襲撃された際、医師として怪我の治療にあたりました。その胆力を認められ、政治家に転向したのです。

＊

明治12（1879）年、盛岡に柴内魁三（1879〜1966）が生まれます。柴内は明治37（1904）年に始まった日露戦争に従軍しますが、中国で両目に被弾し失明します。

明治44（1911）年に私財を投じて盛岡に私立岩手盲唖学校を創設し、初代校長に就任しました。のちに、岩手盲唖学校は県立に移管します。柴内はほかにも、盛岡水道利用組合や盛岡病院（現在の県立中央病院）を設立し、公衆衛生の向上に努めました。

また、**日露戦争で負傷した兵士のなかに身体的欠損に加え、精神的ショックから立ち直れない人が多くいたことを受け**、国の依頼によって全国の軍事保護院を回り、激励して歩きます。

昭和12（1937）年には、目が見えない、耳が聞こえない、話ができないと三重障害をもつ福祉活動家のヘレン・ケラー（1880〜1968）が岩手盲唖学校を訪れました。そこで、「目が見えなくても耳が聞こえなくても、心の目が開いており、心の耳が聞こえていれば不幸なことはありません。皆さん手をつないで幸せになってください」と挨拶されたというエピソードが伝わっています。

＊

日露戦争では、戦後に傷痍軍人が増加して大きな社会問題となりました。傷痍軍人とは、戦争やその他公務のために傷痍を追った軍人、軍属のことです。

　「戦争」は「福祉」ということを強く考えざるをえない状況をつくりだしました。それは、国のための戦争によって、稼ぎ頭の男手を亡くした家庭や戦地で負傷した兵隊（傷痍軍人）を、いかに国が補償していくかということです。大正 7（1917）年『軍事救護法』が施行され、これがその後の日本の近代社会福祉行政のはじまりとなります。この法律により内務省に救護課ができ、社会局へと発展し、戦前の社会事業行政の中核を担っていきます。

　大正12（1923）年の『恩給法』により軍人に増加恩給、傷病年金等の受給がはじまり、遺族年金制度ができました。また、国のために尽くした軍人や公務員の病気や負傷、老後を補償するための恩給制度ができました。

＊

　太平洋戦争（第二次世界大戦）でも多くの傷痍軍人や戦死者を出し、その家族の再生は困窮と苦難にありました。度重なる戦争による傷痍軍人、遺族らへの補償問題と人権意識の高まりが、障害者の福祉問題へとつながってきたのです。

（7）児童福祉

　明治29（1896）年、明治三陸地震、三陸大津波がありました。その10年後の明治39（1906）年は冷害で大凶作となり、その年に盛岡孤児院（現在の青雲荘）が創設されました。ホームページには「小原源八、明治37年、38年東北地方大凶作となり路頭に迷う子女続出の惨状を見るに忍びず、一身を挺してその救済にあたり、翌39年加賀野新小路に盛岡孤児院を創設」とあります。そこには「惻隠の情」の福祉の心があったとされています。

　また、仙台キリスト教育児院は、「明治39年　宣教師フランシス・E・フェルプスが飢えに苦しむ棄児 7 名を救済したのが本院の始まり。国内外

より多額の寄与を受けて市内北四番丁に院舎を建設する」（ホームページ）とあり、両院とも天災を契機に創立されています。

＊

　日本における乳児院のはじまりは古く、フランシスコ・ザビエル（1506〜1552）とともに鹿児島に着いたキリスト教の伝道師が、当時の種子島で棄てられた子どもに牛の乳を与えて育て上げたことがはじまりとされます。その後、孤児や棄児の保護は篤志家や寺院、教会などの福祉事業になって広がり、時代が進むとともに対象が天災や戦災による孤児らになっていきました。

　児童福祉においては、明治期の東北の大凶作により孤児がたくさん生まれたことが、結果として東北における児童福祉事業を進めました。そのとき、いち早く東北に手を差し伸べたのは、「岡山孤児院」を創設し、「児童福祉の父」と称された石井十次（1865〜1914）であり、約1200人の孤児を岡山まで運んだとされます。

　石井は、里親制度、養子縁組にも力を入れ、イギリスのトーマス・バーナード（1845〜1905）が1867年に開設した戦争孤児を収容する孤児院の「バーナードホーム」を参考にして、子ども十数人が一緒に暮らす小さな家（小舎）で主婦（保育士）を中心とした「家族制度」を実施しました。人々が困っているときに手を差し伸べ、実行力を伴う精神は、キリスト教から学んだとされます。

＊

　幼稚園は、明治9（1876）年にできた東京女子師範学校（現在のお茶の水女子大学）附属幼稚園がはじまりとされます。一方、保育所は明治23（1890）年に新潟静修学校の附属施設として設置されたのがはじまりとされます。明治33（1900）年には、野口幽香（1866〜1950）によって、キリスト教精神のもと「貧しい子どもたちの教育の場」として東京に「二葉幼稚園」が設立されました。

　また、不良・犯罪少年のための感化院として、明治16（1883）年に初め

て大阪に池上雪枝感化院が設立されました。

　度重なる戦争により、多くの傷痍軍人や障害者、寡婦<ruby>寡婦<rt>かふ</rt></ruby>、孤児らが社会的弱者となりましたが、いつの時代でもその荒波を乗り越えて、その時代を生き抜いてきたといえます。大正、昭和の時代となり、徐々に日本の経済力が高まるとともに社会全体の生活も向上してきました。

（8）障害児・者の福祉

　明治24（1891）年の濃尾<ruby>濃尾<rt>のうび</rt></ruby>大地震で、多数の孤児が発生したことにより、石井亮一は孤児の育児施設として孤女学院を設立、また、明治30（1897）年に日本初の知的障害児施設となる滝乃川学園を東京に開設しました。当時、知的障害児のことを学ぶために、福祉・教育の先進国であったアメリカに留学もしています。

　その後の日本は、明治42（1909）年には京都に知的障害者施設の白川学園、大正5（1916）年に大阪に桃花塾が開設され、障害者施設の基礎がつくられていきました。

　天才画家として有名な山下清<ruby>山下清<rt>やましたきよし</rt></ruby>（1922〜1971）の入所した八幡学園は、昭和3（1928）年、千葉県に全国8番目の知的障害児施設として開園します。

　滝乃川学園では、石井亮一のあとを継いで2代目園長として妻の石井筆子（1861〜1944）が就任します。筆子の固い意志によって戦中の苦難を乗り越えたことは、戦後、障害児の教育の分野に影響を与えました。

＊

　昭和21（1946）年に公布、翌年施行された『日本国憲法』の第25条において、「すべて国民は、健康で文化的な最低限度の生活を営む権利を有する」として生存権を保障しました。ついで昭和22（1947）年、『児童福祉法』が制定され、児童福祉を推進する基盤ができます。

　昭和21（1946）年、滋賀県に公立の知的障害児福祉施設の近江学園ができました。戦災孤児や知的障害児の施設であり、創設者の糸賀一雄<ruby>糸賀一雄<rt>いとがかずお</rt></ruby>

（1914〜1968）や田村一二（1909〜1995）らによって考えられた施設です。この施設の基本精神は、「この子らを世の光に」です。障害のある子どもに憐れみから光を当てるのではなく、「障害をもつ子らを世の光に（していきましょう）」という発想でした。この名言はのちの障害児・者に関わる福祉関係者の心の支えとなっていきます。

　特に、「治る見込みがない」とされていた重症心身障害児の施設は、常にその処遇が後回しにされてきましたが、昭和36（1961）年に東京多摩に「島田療育園（現在の島田療育センター）」が開設されました。初代園長には、小児科医の小林提樹（1908〜1993）が就任します。

＊

　社会保障という面では、戦前においても公衆衛生、医療保険、年金保険はありましたが、それらはいずれも対象が限定され、制度内容も不十分でした。体系的に整備されたのは戦後からです。

　昭和22（1947）年には『労働者災害補償保険法』と『失業保険法』が制定されました。社会保険は「国民皆保険」にまで拡大していきます。

　昭和24（1949）年には、『身体障害者福祉法』、昭和25（1950）年には『精神衛生法』が制定されます。精神病者への適切な医療提供と保護を目的としたもので、これにより、私宅監置（いわゆる座敷牢）が法的に廃止されました。

　精神障害者の人権を高めたのは、日本精神医学の始祖とされる呉秀三（1865〜1932）です。呉は、精神病患者の監置状況を調査しました。明治33（1900）年の『精神病者監護法』に基づいて、家の中で隔離されていた精神障害者は私宅監置されていたのです。

　精神病患者は、長らく福祉の領域ではなく、医療の領域とされてきました。いまでも身体拘束がなくならないのは、自傷行為や自殺を図る人もいるためです。しかし昨今では、強制入院は不当とされ、身体拘束は虐待と見なされています。本人や家族への説明責任（アカウンタビリティ）も重視されています。

今日では、精神障害に加え、発達障害にも、小児精神科医の診断と治療が求められています。病院も「精神科」に加え「心療内科」の医院も多くなってきましたが、まだまだ小児精神医は少ないのが現状です。

＊

　『身体障害者福祉法』の制定によって、授産事業がはじまり、「授産施設」ができます。授産とは「上が仕事を授ける」という意味合いがあり、平成18（2006）年に『障害者自立支援法』が施行されるまで、この名称は残っていきます。

　昭和26（1951）年に『社会福祉事業法』（『社会福祉法』）が施行され、民間の篤志家や慈善事業家によって「社会福祉法人」が設立されます。そこから、知的障害児・者施設が急速に全国に設置されていきました。

　昭和30（1955）年に、国際労働機関（ILO）は、「障害者の職業リハビリテーションに関する勧告」（第99号勧告）を発出しました。これを受け、昭和35（1960）年に『身体障害者雇用促進法』が施行されますが、雇用は努力義務でした。昭和51（1976）年に法的義務となり、障害者を雇用する企業に給付金制度・助成金制度が創設されます。法律によって一定の雇用を義務づける方法を「割り当て雇用制度（クオータ・システム）」といいます。企業や公共団体は、「雇用する労働者の数に障害者雇用率を乗じた数以上の障害者を雇用」しなければならないのです。このような法律の規定によって、障害者雇用は促進されてきました。

　また、『障害者雇用促進法』に基づいて、特例として会社の子会社に雇用されている労働者を、親会社に雇用されているものとみなして実雇用率を算定できるしくみがあります。これは、一定の要件を満たし認可されることによって「特例子会社」となり、企業グループによる実雇用率算定を可能としています。

（9）社会保障と課題
　社会保障制度は、国民の安心や生活の安定を支えるセーフティネットで

す。戦後に整備された社会保障のなかの、特に「公的扶助」は福祉の基礎的政策であり、国が生活に困窮する国民に、その困窮度に応じて最低限度の生活を保障し自立を援助する制度です。

　当初の「社会福祉」は、老人、児童、ひとり親家庭、障害者など、社会生活をしていくうえでハンディキャップを持つ国民を対象とし、救貧政策の面が強いものでした。それが今日では、一部の者ではなく国民全体を対象とし、福祉増進のために援助を行う制度になりました。時代とともにニーズの多様化が生じ、福祉の充実を図るために公共地方団体が土地と建物を提供し、事業主を募る「公設民営化」が行われてきました。

　平成12（2000）年からの社会福祉基礎構造改革では、**サービス向上によって選ばれる法人への転換が大きなうねりとなり、ガバナンスの確立が強くいわれました。**社会福祉法人は公益法人制度改革で経営の自由度が拡大し、柔軟な経営が可能となった一方で、責任が大きくなり、経営の安定と効率化を図ることが強く求められてきました。

　そして現在は、福祉分野にNPO法人や株式会社の営利企業が参入しています。しかし、株式会社では、利潤が出てくる場所・地域であれば経営が成り立ちますが、地方の僻地などでは経営が成り立たず、撤退していくことも考えられます。当然ながら少ない人口の地域でも、福祉資源は住民の生活保障のためになくてはなりません。従来、地域のなかで、地道に福祉活動していた小規模の社会福祉法人や社会福祉協議会などは、利益追求を目的とする営利企業が参入してくることに懐疑的でした。特に今後、限界集落が多発する地域では、人口減少にあわせて福祉資源もなくなっていくことが、営利企業が参入してくることの弊害として考えられます。

＊

　昭和30年代の日本の福祉を描いた、歴史小説家・**司馬 遼太郎**（1923〜1996）**のエッセイには、家族が福祉を担う様子が書かれています。**

十人の子を養う父あり。一人の父を養わざる十人の子もある。

〈法句経〉

*

　戦前の日本は五大国の一つとして大戦の末期には四十数カ国を相手としたほどの滅法界もない〝強国〟だったわけだが、それも納税者がノマズ・クワズ、穴居人種のように壕舎からはいだしてはワレ鍋でイモのヘタを焚き、あまった金をシボってオンボロ飛行機を造った〝強国〟だから、国民一人一人の人生に国家として最大限の責任をもつ政治の恩恵に、明治以来浴したタメシがない。メデタクも四等国になりさがったおかげで、軍備に向けるお金を社会に使おうという福祉国家実現の可能性がうまれたわけである。（中略）まだ原始時代から数歩も出ていない。（中略）まったくのはなし、徳川時代とほとんど変りばえがせず、家族制度という奇妙なジャングルにシワヨセすることによって問題がゴマかされている。街で失業した次男坊が田舎へ帰って〝家族〟の中にモグリこみさえすれば兄ヨメに舌打ちされつつも何とか生きてゆけるし、嫁にいったムスメが結核になってかえされてきても、オヤジは三度のメシを二度にしても養ってゆくというカタチである。まことに醇風美俗、ナマケモノの政治家には、これほどいい習俗はない。国家がやる仕事のほとんどを、〝家族〟というホネとカワに痩せきった小集団が、壮烈果敢にも無償で請け負っているわけだ。

（司馬遼太郎『ビジネスエリートの新論語』文春新書）

　昭和30年代の、私が生まれた頃の福祉状況をあらわしているエッセイです。同じ頃、昭和38（1963）年、小説家の水上勉（1919〜2004）が、時の総理大臣に向けた手紙を『中央公論』に掲載し、重度障害児を持つ親として、障害児・者の置かれている現状と福祉政策の充実を訴えました。

私は昭和53（1978）年に福祉系の大学に進学しました。同年から日本テレビ系で「24時間テレビ　愛は地球を救う」がはじまり、チャリティで集まった募金は、福祉車両となって福祉施設に寄贈されるようになりました。あわせて、障害者福祉に対する理解が徐々に高まる契機となりました。

　昭和56（1981）年は「国際障害者年」で、やはり、このあたりから日本の福祉は新時代を迎えた気がします。

*

　ところが、昭和58（1978）年の『厚生白書』では、**「同居する家族は、福祉における含み資産」**と明記されました。つまり、**介護や病気療養などの福祉問題は、同居家族が福祉資産となって対応するという考え方です。40年以上経った今日でも、「家族のケアは家族がやるべき」という「家族主義」が国の福祉施策に残っていると思われ、これが、障害者の家族を苦しめてきました。親にとっては、自分たちが生きている間はなんとかなるが、死んだあと残された「この子」の面倒を誰がみてくれるのか、という心配から逃れられません。**

　さらに、介護やひきこもりなどといった家族の問題を世間に知られるのは、「家や親戚の恥」という意識が根強くあります。これらは、いまだ「生活保護制度」や「障害者の支援制度」の解決すべき課題として残っています。

*

　「均霑」という言葉があります。意味は、虫などの生物が雨露の恵みを受けて平等に潤うことです。障害のある子も、生まれた場所によって、福祉サービスに不公正が生じてはならないのです。都市と過疎地域での福祉サービスの格差は歴然としています。地方自治体こそ住民に対して、福祉サービスを保障する必要がありますが、緊縮財政を理由として、安易に福祉資源を民間に委託する事態が生じています。

　本来であれば、どの地域に生まれても発達・成長に寄り添う福祉・教育

サービスの提供が必要なのです。それを最も強く感じてほしいのは、地方行政のリーダーの方々です。保育施設や障害児の発達支援センターなどが赤字経営だからといって、簡単に切り捨ててはいけないのです。創意工夫のある経営を、第三者に丸投げするのではなく、選挙に選ばれた人は責任を持って地域福祉の経営に参画していくべきです。

*

地方においても地域住民の財産を守りながら、安心して幸福に生活できる環境をつくらなくてはなりません。もとをたどれば、社会福祉法人の運営費は税金ですので、地域の福祉向上の事業が多く求められてきました。

社会福祉法人経営における5つの評価指標を挙げます。

1. 顧客の視点：サービスの質、満足度はどうか
2. 財務の視点：事業活動に必要なお金や資金の調達はどうか
3. 業務プロセスの視点：仕事の進め方、新規事業の開発はどうか
4. 地域貢献の視点：地域の各団体との交流はあるか
5. 学習と成長の視点：職員の確保や定着度、能力アップ・組織力アップのための研修や取組みはしているか

この5つの総合点が高いほど、よい経営であると評価されます。これはバランスカードであり、中長期経営計画を考えるときの視点になります。

*

社会保障は、税収が減れば公的サービスを削減せざるを得なくなり、同居家族が福祉資産となって当然と考えられがちです。社会保険の国民年金にしても同様です。高齢者が増えて、財政が不足したら年金が払えなくなり、財政が破綻する。このような危機を煽り、現役世代と高齢者の構成比で国民年金が語られがちです。

しかし、「国民皆保険制度」ができた頃と比べ、飛躍的に生産力は向上し、労働環境は変化しているのです。機械のオートメーション化が進み、

一人の労働生産量は、数十倍にもなってきました。一日フル稼働の機械によって24時間生産可能な時代ともなっています。また、人工知能（AI）によって少人数での労働も可能となり、労力が軽減される仕事もたくさんでてくるともいわれています。

　この国民年金の課題解決に向けた論議はこれからも続きます。「若者（労働人口）が老人（引退した人口）を支える」という考え方から、「働けるうちは働き、健康年齢を保つ」という発想になってきたのです。

＊

　戦後の日本は、民主と福祉国家を目指し進んできました。昭和30年代に「所得倍増計画」が発表され、大都市を中心に重化学工業の発展とともに高度経済成長が図られてきました。

　一方では公害による健康被害（水俣病、イタイタイ病、四日市喘息など）や労働者の病気、経済格差と社会保障費の増大などが問題となってきました。子どもの貧困、高齢化による年金対象者や失業者、生活保護対象者の増加により、社会保障費は年々増加の一途をたどります。

　21世紀となり高齢化社会へと突入し、平成12（2000）年には「介護保険制度」がはじまりました。介護報酬が変わったことにより、社会福祉法人の多くは大幅減収となり、事業の継続が危ぶまれました。各法人は人件費を切り詰めざるをえず、介護職は３K（きつい、汚い、危険）といわれ、待遇や給料の低さが問題となり、人材不足の状況にあります。

　家庭では共働きが増え、家庭を切り盛りする主なマネジメントを行う人がいなくなりました。父親も母親も帰りが遅く、食事はみんな各自でとり、孤食といわれました。経済的には豊かになったことで、子どももスマートフォンや携帯電話を持ち、親の管理が行き届かないところで自由に振る舞うようになってきました。1歳児にスマホを持たせ、子守りをする親もでてきました。家庭がマネジメントなき時代となってきたといえます。

＊

　社会保障にかかわり逼迫する財政状況を見通して、政府は「受益と負担

の均衡がとれた持続可能な社会保障制度の確立を図る」ことを目的とし、平成24（2012）年に『社会保障制度改革推進法』を制定、制度改革の「工程表」を定めました。

　さらに平成28（2016）年には、全雇用労働者に占める非正規雇用労働者が約４割となり、所得格差と労働の固定化が進んでいます。それと同時に「結婚できない・しない若者」「ひとり親」が増え、出生率低下・少子化も進んでいます。

　現在、日本が目指しているのは「国民総活躍社会」です。**少子高齢化に伴う労働人口の減少を見通して、女性も社会の第一線で働いてもらう政策に重点が移ってきているのです。女性の高学歴化は進み、生涯にわたって仕事を続けてもらい、日本の経済を支えてもらうという考えです。そのためには、女性の「出産・子育て」の問題をいかに解決していくかが、大きな社会的問題となり、子育て支援に関心が移ってきました。**

　待機児童問題もその一つで、それらの解決方法の一つとして、保育所と幼稚園を一体化することを想定し、「認定こども園」を創設したのです。

　また、生後数カ月から０歳児を受け入れる「預かり保育」「保育ママ」「小規模保育園」制度をつくり、出産後の女性が働きやすい環境を目指しました。あわせて放課後の子どもの居場所である放課後児童クラブ（「学童保育」「児童クラブ」等）などの充実と待遇改善を図る必要もあり、平成27（2015）年より放課後児童支援員認定資格研修もはじまりました。

　2025年頃からは「介護老人」「認知症の高齢者」が増加し、社会保障費、医療費がさらに膨らむとの予測があります。加えて、国内に50〜100万人いるといわれる「ひきこもり」についても、「８０５０問題」として顕在化してきました。これは、長年にわたりひきこもる年齢50代の子どもと、年齢80代の親の問題をあらわした言葉で、学校を不登校のまま卒業し、うまく就労にまで結びつかない人たちの社会的な自立の問題です。学校教育の未解決問題が、生涯の課題となってしまっているのです。福祉と教育の問題は相互に絡み合いながら提起され続けています。

2　近代学校教育成立と普及

（1）小・中学校

　江戸時代は、藩校や寺子屋、私塾を中心とした教育が行われていました。

　明治5（1872）年に「学制」が発布されたことを契機に、近代学校教育制度ができあがりました。欧米と肩を並べ近代国家をつくりあげるためには、国民に教育が必要であると考え、全国津々浦々に学校がつくられたのです。全国民に教育を授けるところから、近代の日本ははじまります。

　当時の学校設立の目的は、太政官布告『被仰出書（おおせいだされしょ）』に「日用常行、言語書算を初め、士官農商、百工技芸、及び法律、政治、天文、医療等（中略）人能（よ）く其才のあるところに応じ勉励してこれに従事」とあります。当時の日本は封建主義社会でした。封建主義社会とは、上に立つ者が下の者を支配することをよしとする社会です。庶民の子どもの役割は「家の労働力」「子守役」で、生まれた家柄で将来の職業も決まっていました。

　明治政府は子どもの出身にかかわらず、能力に応じた教育を受けさせ、身につけた学問の程度によって、職業が選べるように奨励したのです。封建的な身分制を廃して、多種な労働者あるいは軍人や公益などにかかわる人材を育て、近代日本を発展させるため、国を豊かにする「殖産興業」と「富国強兵」を大きな目標に立てたのでした。そのため、全国に大学8校、中学校256校、小学校5万3760校がつくられました。以後、学校はその目的に従い、種類や規模も順次増えていきました。

　当時の教育者であった福沢諭吉（ふくざわゆきち）（1835～1901）による『学問のすゝめ』には、「天は人の上に人を造らず人の下に人を造らずと言えり。されば天より人を生ずるには、万人は万人みな同じ位にして、生まれながら貴賤上下の差別なく、万物の霊たる身と心との働きをもって天地の間にあるよろずの物を資（と）り、もって衣食住の用を達し、自由自在、互いに人の妨げをなさずして各々安楽にこの世を渡らしめ給うの趣意なり」と書かれています。

これで、学問の目的は何か、という啓発活動が行われたものと思います。

＊

　明治7（1874）〜11（1878）年にかけて、全国のほとんどの地域に小学校が開校していきます。しかし、当初は就学費がかかること、家事家業に子どもの労働力が必要であることを理由に就学率は40％にも満たず、特に東北地方は平均の半分にも達しませんでした。

　そこで、明治12（1879）年に形式的な学区ではなく、町村を学区とする『教育令』が施行されました。この制度は6〜14歳までの8年間に最小限16カ月で義務教育が終了し得るという寛大な制度でした。しかし、小学校の教員数は1校あたり1〜2人しかおらず、町村は教育費の捻出に困窮する状態でした。

　なお、「学制」の初期は、国民全体への教育の普及ということに主眼が置かれていたため、障害のある子どもに対する教育の保障のことは、考えも及ばなかったと思われます。

＊

　明治18（1885）年に発足した第一次伊藤博文内閣の森有礼（1847〜1889）文部大臣は、これまでの『教育令』を廃して『学校令』を発しました（1886）。これにより、教育は個人的な成長よりも国家のために行われることを明確にしました。尋常小学校4年間を義務制とし、国の責任のもとで学校の整備を加速させました。

　教師養成のためには、明治5（1872）年に師範学校を東京に設置し、以後、全国の6大学区に官立師範学校が設立されていきます。

　明治33（1900）年には『小学校令』が全改正され、従来認められてきた3年の短期制度を全廃し、尋常小学校は4年制義務制に統一されました。さらに、2年間の高等小学校を併設して、系統性のある教育を実施することを奨励しました。政府の熱心な督励により、明治38（1905）年頃には就学率95％にまで達することができたといいます。

　明治40（1907）年、前回全改正された『小学校令』の改正があり、義務

教育の尋常小学校を6年制とし、翌年から実施しました。さらに高等小学校は2年とし、場合によっては3年に延長してもよいとされました。これが第二次世界大戦中の昭和16（1941）年に『国民学校令』が公布されるまで続きます。

（2）特別支援教育

　明治27（1894）年にはじまった日清戦争後、戦争から帰った兵士らから目の感染症が全国に流行しました。当時は、国民皆兵の時代であったため、将来の兵士を育てる場でもあった学校教育での対策が急務とされました。そこで、「学校看護婦」が置かれ、学校全体の衛生と病弱児のケアを担ったとされます。これにより、のちに学校内に「養護教諭」が配置され、「養護学校」へと名称が引き継がれていきます。

　障害のある子どもの教育（以下、特別支援教育）に関しては、明治40（1907）年頃から「補助学級・促進学級」などの名称で、特別支援学級の編制を希求する教師が現れ、全国に設置されはじめました。

　各県によって時期に差があるため、一例として岩手県を中心に俯瞰していきます。他県においても同じ頃に同じような動向になっていると思われます。

＊

　明治40（1907）年、文部省訓令により師範学校附属小学校に特別支援学級設置が奨励され、岩手県では岩手師範学校附属小学校に「劣等児学級」が設置されました。全国初は長野県であり、2番目は群馬県、岩手県は3番目とされます。

　明治41（1908）年には、全国で初めてつくられた知的障害児施設「滝乃川学園」の石井亮一を講師に招き、盛岡で9日間にわたって「低能児教育法」（当時の名称）の講習会を開いたと記録にあります。この頃、ドイツで行われていたマンハイム式学級編成法や病理学の影響もあって、知能の遅れた児童に対する教育の関心が高まってきました。

マンハイム式とは、ドイツのマンハイム市において実施された能力別学級を設けて指導する教育のことです。わが国の国民学校制度にも影響を与え、子どもの学習能力に基づいて「基幹学級」「促進学級」「補助学級」の3つに分化し、学習指導することが奨励されました。

岩手師範学校の「劣等児学級」は、設置された数年後には諸般の事情により廃止されましたが、明治44（1911）年には、盛岡に私立岩手盲唖学校が創設されます。

昭和16（1941）年に公布された『国民学校令』によって、8年間の義務教育が規定され、学校看護婦は「養護訓導」と改称されました。**当時、日本人の死亡原因の1位だった結核を早期予防する観点から、著しく体の弱かった児童は「特別養護」として、普通学校とは切り分けられ、障害児も含めた「養護学校」が置かれました。**

『国民学校令』は、保護者に児童就学の義務を定め、児童を労働力として使用し就学を妨げてはいけないとしました。加えて、身体的または精神的に障害があり、就学困難な児童の保護者には、市町村長が地方長官（知事）の認可を受けて就学を免除することができると規定されました。

＊

昭和22（1947）年、『教育基本法』が公布・施行され、『学校教育法』のもと、六三制義務教育制度が確立し、あわせて盲・聾・養護学校が置かれて「特殊教育」が開始されました。一方で、各県に国立大学が設置され、師範学校は廃止、教育学部や私立大学でも教員免許状が取得できるようになりました。

学校では新憲法のもと、「国民主権」に基づき「民主主義」教育が行われました。新しい教科の「社会科」ができ、公民的資質を養うこととされました。国家が教育内容を管理する要素は薄くなり、**子どもの「教育権」を保障するという考えが強くなりました。『学習指導要領』に即して教育内容を指導することに加え、教育的ニーズにこたえていくのが、学校の役割になったのです。**

昭和23（1948）年、全国で視覚障害・聴覚障害児への盲学校・聾学校への就学義務制が実施されました。岩手県では、昭和24（1949）年に県内初の病弱児学級が一関小学校（一関市）にできます。また、昭和25（1950）年には戦後初の精神薄弱児学級が仁王小学校（盛岡市）に設置され、以後、「特別支援学級」「通級指導学級」の種類、学級数が拡充されていきました。

　昭和29（1954）年に教育者の昇地三郎（1906～2013）が、福岡県に肢体不自由児の私立しいのみ学園を設立しましたが、まだこのときには養護学校制度が整備されていなかったため、2年後に認可取り消し処分を受けました。昭和31（1956）年に『公立養護学校整備特別措置法』が公布され、わが国最初の公立の肢体不自由児のための養護学校が大阪府と愛知県に開校します。

　昭和34（1959）年、国際連合（国連）が「児童の権利宣言」を採択します。昭和37（1962）年に岩手県では、肢体不自由児のための「岩手県立養護学校（現在の岩手県立盛岡となん支援学校）」が設置され、昭和42（1967）年には、ことばに問題を持つ子どもの親たちの願いが叶い、岩手県初の「ことばの教室」（通級指導教室）が大渡小学校（釜石市）に開設されました（現在は統合され釜石小学校）。

　しかし、重度の知的障害のある子どもたちは、まだ教育の対象ではなく福祉の分野とされていました。障害の程度も「白痴」「痴愚」「魯鈍」の三種類に大別され、障害が重い場合は義務教育から就学が免除・猶予されていたのです。のちに「重度」「中度」「軽度」という言葉に置き換えられ、さらに「精神薄弱」の障害名が付きます。障害が複数ある場合は、「重度・重複障害」と言われました。

　戦後、大衆小説家として人気のあった坂口安吾（1906～1955）の小説の題名にも『白痴』（1946）というものがありました。国民にとっても障害者に対する人権意識は低く、差別意識すら薄かったのだと思われます。

　昭和51（1976）年に国連は、5年後の昭和56（1981）年を「国際障害者

年」と定め、各国に取組みを求めました。そのような国際的な動向もあり、重度障害のある子どもたちの教育が保障されたのは、**昭和54（1979）年の全ての障害児を対象とした養護学校義務制**の実施からです。それに伴い、各県の都市には県立養護学校（知的障害・肢体不自由・病弱虚弱）が開設しました。小・中学校の「特殊学級」や「通級指導教室」をあわせて「特殊教育」が推進され、充実してきたのです。

平成元（1989）年に「児童の権利に関する条約」（子どもの権利条約）が国連で採択されます。ここで、締結国は「児童の最善の利益」のために行動することが求められました。子どもの人権宣言ともいえるものでした。

＊

国連総会は、昭和56（1981）年を「世界障害者年」と宣言しました。これを受けて日本も障害者の社会への完全参加を謳い、「完全参加と平等」をテーマとして、障害者施策が新たな段階に入り、動き出しました。「ノーマライゼーション」という言葉が、スウェーデンを発祥として世界に広がります。これは、「障害の有無や年齢、社会的マイノリティなどに関係なく生活や権利が保障された環境をつくっていく」という考え方です。もちろん、わが国の福祉関係者も、この言葉を合言葉にして障害者施策を進めました。

特別支援教育では、平成6（1996）年にスペインのサラマンカでユネスコとスペイン政府が開催した、「特別なニーズ教育に関する世界会議」によって、障害のある子どもを含む全ての子どもの「特別な教育的ニーズ（スペシャル・ニーズ・エドゥケーション）」にこたえられるように通常の学校教育を改革し、学校が多様な教育的ニーズを持つ子どもたちの学習と発達、協同と連帯の場になっていくことが提言されました。特別な教育的ニーズを持つ子どもとは、障害のある子どもだけではなく、親のない子ども、虐待を受けている子ども、特異な才能を持つ子どもなど、あらゆる子どもが豊かな人生を送ることを目指し、生活と安全が保たれ、自身のもっている能力を最大限に引き出すことのできる社会の実現が大切とされたの

です。障害名も「精神薄弱」から「知的障害」、「盲」から「視覚障害」、「聾」から「聴覚障害」へと変わっていきました。

　以後、障害のある子どもとない子どもが同じ教育の場での発達が保障される「インクルーシブ教育」という言葉が使われていきます。これまでに行われていた「分離教育」ではなく、障害の有無で教育の場を分けない「包み込む教育」の推進が期待されたのです。

　学校教育は、「学習の場（学習指導）」と「生活の場（生徒指導）」の両面から考えられており、そのバランスが大切です。受験勉強の要素が強くなりすぎると、「学力向上」に偏り、「落ちこぼれ」る児童生徒をつくり出してしまいます。本来の教育の目的である「人格の完成」という面の再検討が必要です。そのためには保育や教育の場が、子どもの発達的・教育的ニーズに的確にこたえられる環境となり、子どもの一人ひとりのニーズに応じることが重要とされたのです。

＊

　平成4（1992）年『国民生活白書』に「少子化」という表現が登場しました。この頃には「出生率の低下やそれに伴う家庭や社会における子ども数の低下傾向」が進んでいたのです。それにもかかわらず、平成時代には大学数が急増しました。高等教育への進学率を高め、大学の大衆化が進み、大卒が貴重ではなくなったことで学歴優先の社会秩序も崩れつつあります。グローバル化といわれると同時に、インターネットやパソコンの普及が教育のあり方に影響を与えていきました。「社会教育」から「生涯教育」という言葉がいわれだし、どこの大学で学んだかという「学校歴」よりも、何を学んだかという「学修歴」が問われるようになってきました。昭和時代の知識偏重の詰め込み教育が批判され、平成になると「ゆとり教育」が叫ばれるとともに、情報化教育の進展に伴いICT教育が学校教育に積極的に導入されてきています。

　平成14（2002）年には、通常学級に在籍する「発達障害」の児童に関する調査が行われました。その結果、通常学級には発達障害、それが疑われ

る児童生徒が6.3％いることがわかり、人数にすると１学級に１〜２人は在籍していることになります。

　平成19（2007）年度から『学校教育法』が改正され、盲・聾・養護学校は、障害種別を超えた「特別支援学校」となり、あわせて、地域のセンターとしての機能も求められるようになりました。

　特に多様な能力を持つ子どもが増えてくると、教育の指導内容を問う必要もでてきました。また、人権意識の高まりとともに、障害のある子どもや、突出した才能を持った子であるギフテッド児への「特別支援教育」「２Ｅ（トゥワイス-エクセプショナル）教育」の在り方も議論されるようになってきました。 ２Ｅとは、「二重の特別な支援」を要することで、才能を識別し伸ばしていく教育のことであり、エリートをつくる英才教育とは考え方が違います。

＊

　さらに、スマートフォンの普及により、ゲーム障害などの依存症や、睡眠障害の問題も発生し、不登校やいじめの問題も顕在化してきました。

　平成28（2016）年、不登校が深刻な学校の現状に対処するため『教育機会確保法』が制定・施行されました。この法律によって、国や地方公共団体に対し不登校の児童生徒への対策を講ずる法的義務を課しました。**不登校のなかには、感覚過敏などの発達障害の症状を示す、HSC（ハイパー・センシティブ・チャイルド：敏感な子ども）の児童生徒もいます。その多くは人間関係のつまずき、いじめ、学力不振などの二次障害を抱えています。そのような問題への対処法として、不登校児の多くに対して、家庭や学校以外の第三の居場所を認め「学習権」を保障する環境をつくる必要性が生じてきたのです。**

＊

　令和２（2020）年から広まった新型コロナウイルス感染症の感染予防が、ICT教育の普及と充実に拍車をかけました。文部科学省を中心に「GIGAスクール構想」も打ち出されました。これは、義務教育を受ける

児童生徒のために、1人1台の学習用端末（PC、タブレットなど）と高速ネットワーク環境などを整備していく計画です。

　日本は少子高齢化を迎え、労働人口の減少に伴い、社会保障費は増大傾向にあり、女性活躍社会が求められ、子育て支援、インターネット・AI社会による5G高度情報化社会への移行が進みだしています。小・中・高校生時代に職業意識をもたせる「キャリア教育」も推進されるようになってきました。

　このような時代に対応できる人間を育てるため、幼児教育から大学教育にわたり、一方的な受講型の授業形態ではなく、アクティブラーニング形式の授業によって、学習意欲や協調性などの非認知能力を養い、能動的な人材を育てることが求められるようになったのです。

＊

　令和4（2022）年9月に、国連は日本の障害者施策に対して改善勧告を出しました。これは、それに先立ってジュネーブで行われた国連障害者権利委員会の審査に基づいたもので、日本の障害者施策が初めて世界基準で検証されたものでした。その所見では、日本の障害者政策はパターナリズム（温情主義）的で人権尊重の考え方になっておらず、障害観が「社会モデル」ではなく、まだ「医学的モデル」が残っていて、これが支援を必要とする人を福祉制度から排除することにつながっていると指摘されました。

　そして、学校教育では、いまだ健常児と障害児を分けた「分離教育」が行われているとされたのです。日本は大きな課題を与えられました。じつは、「教育のより一層の充実」といった場合、子どもを分離する方向にいきがちです。多様な集団にこそ教育を充実させていく発想の転換が必要なのかもしれません。

　一方で、文科省が10年ごとに行っていた通常学級に在籍して、特別な支援が必要とされる児童生徒の調査結果が令和4（2022）年に再び報告されると、公立小・中学校の通常学級に在籍する、発達障害あるいはそれが疑

われる児童生徒の割合が8.8％であることが明らかになりました。少子化が進み、公立小・中学校の在籍児童数、約950万人（令和２年時点）の8.8％は、約83万6000人になります。あわせて不登校児童も24万人を超えることが明らかになりました。

　ほかにもいじめの問題や児童虐待、ヤングケアラー、ギフテッド児への才能教育の問題も噴出し、一方で大学の全入時代も迎え、学力の伴わない学生への高等教育のあり方の議論も必要になってきました。

　障害者のみならず、外国籍の労働者も増え、多様な方たちが働くことができる「共生社会」（インクルーシブ社会・ダイバーシティ社会とも）に移行しつつあります。いま、まさに一人ひとりの個性にあわせた教育の質の向上が求められています。学校の管理職のリーダーシップ、ガバナンス、マネジメントが強く求められる時代になってきたといえます。

Ⅸ　羅針盤

　よく、組織は船にたとえられます。リーダーは船長で、乗組員はフォロワーです。船長は組織の目指す方向を的確に示し、舵をとらせます。

　この章では、児童福祉と教育を考えるうえで、本文のなかには組込むことができなかった内容で、これからの方向性を考えるうえで役立ちそうな事項や言葉を掲載しました。

＜児童福祉の星を目指して＞
◉古代・中世ヨーロッパ〜戦争・貧困による「捨て子」と施設のこと
　子どもの遺棄は昔からあり、それに嬰児殺しが加わっていました。ヨーロッパの神話は捨て子と嬰児殺しの物語に満ちています。

　紀元前753年、ローマを建国したロムルスとレムスの双子の兄弟は、幼い頃にテレベ川に捨てられましたが、メス狼の乳を飲んで生きながらえ、羊飼い夫婦に拾われて育てられました。成人となり諍いから兄が弟のレムスを殺害し、自分の土地に囲いをつくった場所をロムルスの名にちなんでローマとしたという神話があります。

　ローマ帝国初代皇帝アウグストゥス（B.C.63〜B.C.14）は、捨て子を養子に迎え入れた市民には金銭を与えました。皇帝トラヤヌス（53〜117）は、貧しい捨て子に対する食事配給と援助施設を設立し、「祖国の子どもたち」として養育させました。

6世紀、東ローマ帝国ユスティヌス帝（450〜527）は、キリスト教の影響を受け、捨てられた子どもの自由を宣言し、教会権力が捨て子を保護するようにしました。これが捨て子養育所の原形とされます。ビザンティウム（現在のイスタンブール）に捨て子養育院「ブレフォコニウム」、孤児院「オルファノコニウム」が設立されました。このような施設が西欧各国に次々と増え、1290年代にはフランス、イタリア、ドイツ、イギリス、スペインに30以上を数えるようになりました。そして、ベルギーのゲールには、知的障害を受け入れる施設が設立されました。度重なる戦争と貧困が多くの孤児を生み、保護する施設もそれにつれて増えていったのです。

　ともすれば、子どもは家庭で育てると考えがちですが、古来、身寄りのない子どもは、社会で育てるという考えはありました。

「自然に帰れ」

　16〜17世紀にかけて、幼児は本能に身を任せた小さな動物のように考えられていました。フランスの作家ラ・ブリュイエール（1645〜1696）は「子どもは、傲慢で、横柄で、怒りっぽく、打算的で、気まぐれで、臆病で、節度がなく、嘘つきで、陰険である。彼らは悪に苦しむことはなく、悪を行うことを好む。彼らはすでに小さな大人なのである」と見ていました。イギリスの教育思想家ジョン・ロック（1632〜1704）は、生まれたときの子どもは純真無垢の「タブラ・ラサ（白紙）」といいました。その影響を受けたフランスの教育思想家ジャン＝ジャック・ルソー（1712〜1778）は、子どもは大人の手に育てられるとだんだんに悪くなると考え、孤児エミールに人為的教育を排除し、自然に従い人間の本性を尊重する教育法を述べ、それを『エミール』として小説的にまとめました。ルソーの「自然に帰れ」という言葉は有名です。

学習を労働に　学校を作業場に結合し　両者を互いに融合させる

　スイスの教育学者ペスタロッチ（1746〜1827）は、早くに父を亡くします。チューリッヒ郊外で農園を拓きますが経営は失敗し、貧しい子どもたちの労働と教育について考えました。その後、スイスの内戦によって多くの孤児が発生し、国の委託を受け孤児院を開きました。しかし、まもなく閉鎖します。その再建時に書かれたのが『シュタンツだより』です。学校教育は家庭教育のよいところを取り入れることで「生活が陶冶」すると考えました。陶冶とは、持って生まれてきた才能を育てることです。

『児童の世紀』

　スウェーデンの女性思想家エレン・ケイ（1849〜1926）は、1900年に著書『児童の世紀』を著しました。そのなかで、子どもは大人のひな型ではなく、独自の存在として認められ、教育をとおして権利が認められるべきであると主張しました。来たる21世紀は、子ども各個人をできる限り発達させ、幸福にさせるように学校を改革することを主張しました。

　それが、のちに国連の1924年「ジュネーブ宣言」、1948年「世界人権宣言」、1959年「子ども権利宣言（児童の権利宣言）」、1989年「子ども権利条約（児童の権利に関する条約）」の採択へとつながっていきます。

人間はどの年齢層においても何か困難が生じた際に援助してくれると信頼のおける人が自らの背後に一人以上いると確信があるときにもっとも幸福であり　かつ能力を最大限に発揮できる

　イギリスの精神科医ジョン・ボウルビー（1907〜1990）の言葉。

　母親による世話と幼児の心的な健康の関連について研究し、その大切さを主張しました。

＊

●児童虐待と愛着障害のこと

　児童養護施設では、親から虐待を受けた子どもたちが増えています。そして、人との関係をうまく築くことのできない「愛着障害」を示す子どもも増えています。

　愛着障害を持つ子どもは「試し行動」によって、大人との心理的な距離や受容の程度を見ようとします。そのために、わざと相手の嫌がる言葉を言ったり、態度を取ったりします。「試し行動」は、大人の側からすると問題行動として映りますが、その裏側にある心理は強い承認欲求です。

　子どもは「相手を傷つける言葉」「威圧する暴言」「嘘をつく」「暴力」「万引き」「見下し」「無断外泊」などで、周囲を困らせることによって、自分への関心の度合いをみています。そこには、相手から受容されたい、承認されたい欲求が強く感じられます。それに対し周囲の大人は、無条件で積極的に理解していく態度で接することが大切です。

＜児童教育の星を目指して＞
子どもが中心であり　この中心のまわりに諸々の営みが組織される

　アメリカの教育学者ジョン・デューイ（1859～1952）の言葉。

　1860年代の南北戦争のあった当時のアメリカ社会は、農業から工業・商業が中心の国への変革の狭間にありました。そして、新しい教育が模索されていた時期でもありました。そのときに実験学校で実践した手工業・工作室作業および家庭的技能（裁縫や料理）の作業経験をとおして、子どもたちが取組んだ検証記録をまとめた『学校と社会』を出版したのです。そして、これからの教育は子どもたちが中心であることを主張しました。

　この児童中心主義と経験主義の考え方は、わが国の戦後の障害児の教育にも大きな影響を与え、「生活」を中心とする「生活単元学習」や「作業学習」などの教育課程が編成されました。

＊

◉スプートニク・ショック
～「生活経験中心主義」から「教科知識主義」へ

1957年、社会主義国のソビエト連邦（現ロシア）は、人類初の人工衛星「スプートニク１号」の打ち上げに成功しました。この出来事は、アメリカはじめ資本主義社会の西側諸国に大きな衝撃を与えました。

1959年、アメリカはマサチューセッツ州ボストン市のウッズホールで全米科学者会議を開き、教育の現代化について議論しました。これまでの生活・経験重視のカリキュラムから、理数・科学中心のカリキュラムが検討されました。会議の座長が心理学者ブルーナー（1915～2016）で、その成果は著書『教育の過程』にまとめられました。教師が教科の「構造化」を理解して教授すれば、高度な数学も発達年齢に応じて理解させることができるというものでした。

このウッズホール会議が、これまでの生活経験主義から教科知識主義のカリキュラムへの転換点となったのです。これは、わが国の教育にも影響を与え、昭和46（1971）年の『学習指導要領』の改訂では、理数科教育を重視した教科主義へと舵を切ることになりました。

相互輔生

東京大学で教鞭をとった教育心理学者の梅津八三（1906～1991）の言葉。

戦後まもない昭和27（1952）年、盲聾教育研究会を設立。視覚・聴覚障害の重複障害児におけるコミュニケーション形成の研究を進め、子どもと教師、相互の信号の発信が重要であることを述べ、それを「相互輔生」とあらわしました。これは、のちに重度・重複障害児の教育はじめ教育全般にいえることがわかりました。

＜生き方・処世を目指して＞

人は失敗を責めるのではなく失敗後の対応の不誠実さを責める

　学生時代は、失敗を経ることで大きく育ちます。問題は失敗した後の対応の仕方です。それを学ぶことが大切です。

世の中には想像する天才があるように　探す天才もあり　書く天才があるように　読む天才もある

　フランスの詩人ポール・ヴァレリー（1871〜1945）の言葉。

　仕事を全部自分で請け負わずに、身近にはその分野の天才がいるものだから、その天才に任せればよいのです。福祉や教育の仕事では、利用者とかかわる支援の仕事や事務的な仕事、金銭管理、調理の仕事など、内容は様々なので、それぞれの分野を得意とする多様な人材を採用したほうがよいのです。

　また、一人ひとり、みんな得意な分野を持っているのですから、それが発揮できる職場環境をつくっていくことが大切です。

神は自然のなかに　さまざまな木を植えたように　人間のなかにさまざまな才能を植え付けた

　フランスの文学者ラ・ロシュフコー（1613〜1680）の言葉。

　世界一立派な梨の木は、極（ごく）ありふれた林檎（りんご）を実らせることはできないし、最も傑出した才能も、極ありふれた才能と同一の結果を生むことはできないといいます。ラ・ロシュフコーはそのような自分が「箴言（しんげん）」をつくるなど愚かしいことだと自嘲していますが、世の中では誰かが言わなければならないことがあります。

心ここにあらずんば　視るものが見えず　聴くものが聞こえず

中国の四書『大学』より。自分の目や耳で、外界を見たり、聴いたりしているようでも、それに心の注意が向いていないと、認識していないのです。同様に相手に関心が向いていないとコミュニケーションがとりにくいのです。

則天去私

夏目漱石（1867～1916）が晩年に理想とした境地をあらわした言葉。

意味は、天に則り私心を去って生きなさい。仕事でも、自分の好き嫌いでするのではなく、周囲との関係で生じてくるものですから、天から与えられたものとして行っていくのがよいということです。

疾風に勁草を知る

『後漢書』より。速い風が吹いて初めて強い草が見分けられるように、人は苦難にあって初めて意志の強さや本当の価値がわかるとされます。

規模の大きな施設だけが生き残るわけではない

リーマン・ショックのあと、一流といわれる銀行や企業が廃業に追い込まれました。企業は環境の変化に柔軟に適応する能力がないと生き残れないのです。特に規模が大きな施設は意思決定が後れがちなので、法人役員はじめリーダーは世の中の流れをよく見て、先を見通して事業を計画していくことが必要です。

我々は労働力を呼んだが　やってきたのは人間だった

　スイスの作家マックス・フリッシュ（1911～1991）の言葉。

　欧州の移民問題を指して言いました。外国人労働者の受け入れ問題について、労働力が欲しいのですが労働力だけがやってくることはありえないのです。労働力を持っている人間は、宗教、価値観などの文化や心を持ってくるのです。社会はそれにも対応していく必要があります。

人間は多様な人・集団との交錯を通じてこそ個性的になる

　社会学者ゲオルク・ジンメル（1858～1918）の言葉。

　多くの人たちと交わり磨かれることで個性は際立ってくると言います。

至誠天通

　孟子（B.C.372 ？～B.C.289 ？）の言葉。

　まごころ（誠意）をもって事に当たれば、必ず思いは通じ、人を動かすものであると言います。事業者は誠実であることが大切です。

無用の用

　『老子』に、「埴（粘土のこと）をうちて、以て器を為る。その無に当たりて器の用有り（粘土をこねて器をつくる。器のなかにある空間は一見無用に見えるが、その空間があるから器がつくれるのだ）」とあります。同様に「三十輻共一轂　當其無有車之用」とあり、意味は「三十の輻、一つの轂を共にす。其の無に当たって、車の用有り（三十本の輻が、車輪の中心〈轂〉に集まる。その何もない空間に車輪の有用性がある）」ということです。

　『荘子』には「人は皆有用の用を知るも、無用の用を知る莫きなり（人は

みんな明らかに役立つものの価値は知っているが、無用に見えるものが人生において真に役立つものだとは知らない）」とあります。この世に無用なものは存在しないという教えです。若いときの経験の大切さがわかります。若いときに苦労することは、自分を育てる糧になっているはずです。

四時の序、功を成す者は去る

司馬遷（B.C.145？〜B.C.87？）の『史記』より。

時代は一日一日と動いています。四季が変われば、主役も少しずつ代わるべきであるということです。アメリカの軍人ダグラス・マッカーサー（1880〜1964）は「老兵は死なず、ただ消えゆくのみ」と言いました。

人には潮時が大切だとも言われます。しかし、人生には余命などはありません。いつまでも頭を使い、体を動かして働くことです。「最期まで現役」とも言われるようになってきました。

一樹百穫

中国春秋時代の政治家、管仲（？〜B.C.645)の『管子』権修篇より。

一年の計は穀を樹うるに如かず。十年の計は木を樹うるに如かず。終身の計は人を樹うるに如かず。一樹一穫なる者は穀なり、一樹十穫なる者は木なり、一樹百穫なる者は人なり。人づくりは百年の計と言われます。

継往開来

意味は、先人の事業を継続、発展させ、開拓していくこと。たとえば、自動車の開発で大切なことは、エンジンだけが高性能で加速や燃費がよくても、実際に公道を走るには、窓ガラスの強度や速度計、ブレーキ、ネジの強度、安全性など、それらに関連した多くのシステム全体が開発されて

初めて実用が可能になり、技術の進歩があるのです。

　福祉や教育についても同様です。建物が立派でも、なかで働く人のスキル、道具、教材など、関連する一つひとつの質の向上が大切なのです。

舜は偉大な知者である　人の悪いことを言わず　よいことを賞揚し両極端の中間をとって　人民に対した

　春秋時代の思想家、子思（B.C.483？〜B.C.401？）の『中庸』より。

　子思は儒教の始祖である孔子（？〜B.C.479）の教えを広めました。舜とは、中国の神話に登場する聖人です。孔子は舜を最も理想的な聖人としました。対立する意見の中間にまとめあげるのも、リーダーの資質の一つだと思われます。

財を残すは下　業を残すは中　人を残すは上なり

　政治家、後藤新平の言葉。意味は、事業によって財を残しても、すぐにお金というものはなくなってしまいます。事業を残すと数十年は引き継がれていきます。さらに、仕事によって人を育てると、事業の精神は長らく引き継がれていくものです。事業を継続していくためには人材を育てるのが、一番よいものであるという事業者に対する格言です。

＊

●青砥左衛門尉藤綱のこと

　江戸時代に活躍した思想家に石田梅岩（1685〜1744）がいます。「石門心学」という「商人道」を確立し、日本のアダム・スミスといわれている人物です。その梅岩が好んだのが、青砥左衛門尉藤綱の話であるとされます。この人物は『太平記』によって、数々の逸話が伝えられています。そのなかに次のようなものがあります。

＊

ある日、左衛門尉は、鎌倉にある滑川の川辺を、部下を伴って歩いているときに銭10文を落としてしまった。急いで部下たちに探させたが、なかなか見つからない。日が暮れて、さすがに、これで諦めるかと思いきや、左衛門尉は部下に銭50文を渡して、町で松明を買ってこさせ、その灯りで10文を見つけることができた。

＊

　そして、彼は部下に次のように言いました。「もし自分が川に沈んだ10文を諦めていたら、天下から永遠に10文が失われることになる。そうなったら、自分は天下に対して申し訳が立たない。それに対して50文は、松明代として町民のものとなったのだから失われてはいない。だから、自分の行為は一切間違っていないのだ」と。

　彼はお金というものを「公共財」として考えていたのでしょう。損得で物事を考えがちな現代の人たちに、人を動かすのは信念や価値観に基づいていることを改めて考えさせてくれる逸話です。

　さて、現代人からすると10文を見つけるために50文を使うのだから、40文の損となります。さらに見つけることができなければ60文の損となるのです。普通であれば、川に落とした10文は諦めるのではないでしょうか。

おわりに

　平成になって、障害者の共同作業所に経営感覚を持ち込んだ人物にヤマト運輸の小倉昌男（1924〜2005）がいます。それまで障害者が働く福祉施設では、経営の感覚がとぼしく、多くの施設は国からの「運営費」で経営が成り立っていました。しかし、そこから支払われる障害者への給料は月1万円程度という事実を知った小倉は、工賃という仕組みを取り入れ、**働くことに「生きがい」や「目標」を持たせた**のでした。

　このことは、平成12（2000）年以降の「社会福祉基礎構造改革」に大きな影響を与えました。障害者が「保護」される存在から社会のなかに「参加」し、主体的に生きることを目指す変化だったと思います。障害者も働いて、国に「税金」を納めることを目標とした施設もあったようです。

　小倉は運輸業の業態について細かく分析し、宅急便やクール宅急便などを考案したアイデアマンでした。それは数々のアメリカ企業の経営セミナーや講演会を聞いて学んだことを、日本で経営に生かしたことによるものでした。そしてたどり着いたのは、「経営とは自分の頭で考えるもの」であり、考える姿勢が大切であることを得心したようです。

　福祉や教育現場の経営者は、管理職や職員の意見を取り入れ、市場のニーズをとらえ、自分たちの頭で考えていくパートナーシップ経営が適しているようにも思います。昭和から平成にかけて日本は、北欧の影響を受けノーマライゼーションということが提唱され、社会で障害者をどのように受け入れるかが議論されました。それがいまでは、政策の計画段階から参加する「参画」ということも言われ、**インクルージョンやダイバーシティの「ともに生きる」「多様な社会」をつくる考え方に発展しています。**

＊

　さて、令和元（2019）年末、新型コロナウイルスが発生し、全世界に広がりました。当初、どのようなウイルスなのかがはっきりとしなかったた

め、外出を自粛し、マスクと手洗い、消毒などといった感染予防対策がとられました。各事業所や施設では、経営者や管理職が先頭に立ち、子どもや施設の利用者、従業員などを守りました。

　平時のリーダーと乱世のリーダーがいるとされますが、コロナ禍においては、まさにリーダーがリーダーシップを発揮し、最前線で一生懸命に働いてくれた職員に対しては、改めて感謝の気持ちを強く持ったのではないでしょうか。

　リーダーが多いと「船頭多くして船山に登る」、あれもこれもと目標が多すぎると「二兎追うものは一兎をも得ず」状態になります。また、相互に信頼感がないと「笛吹けど踊らず」状態になったことでしょう。リーダーとフォロワーが協働し、多くの施設が組織活動を守ったのです。

　期せずしてこの奇禍が、危機管理の重要性を再認識する契機となったことは間違いないでしょう。これからの施設・学校のリーダーは、国や自治体の情報や施策を施設内で広く共有し、「見える化」できる環境をつくりあげていくことが大切です。

＊

　本書のまとめとして、アイルランドに伝わる「時間」の名言を紹介したいと思います。上越教育大学大学院のときに、森嶋 慧 教授に教わったものです。当時の森嶋先生は、イリノイ大学から着任してまもなく、アメリカの特別支援教育を中心に英語も交え授業されました。それだけにとどまらず、経営に関する知識や人生哲学、名言も教わりました。これは、いまでも人生を送るうえで心に残っている言葉です。

仕事に時間をとりなさい － それは成功への代価です

考えることに時間をとりなさい － それは力の源です

遊ぶことに時間をとりなさい － それは若さの秘訣です

読むことに時間をとりなさい － それは知恵の泉です

新しくあることに時間をとりなさい － それは幸福への道です

夢みることに時間をとりなさい　 －　それは希望を達成することです
愛することに時間をとりなさい　 －　それは人生の最高の喜びです
笑うことに時間をとりなさい　 －　それは魂の音楽です

（無名のアイルランド人）

　私にとっては、特別支援学校での教員になったことが、障害のある子ど
もとの出会いでした。多くの子どもや保護者、上司、同僚の先生方から、
改めて福祉と教育について教えられました。

　その後、大学教育機関等での管理職を数年間務め、現在は縁あって社会
福祉法人の役員（理事）や評議員も務めています。もともと経営学や組織
論などマネジメント研究の専門家ではないのですが、上越教育大学大学院
で心理学指導教員でありました勝倉孝治先生からカウンセリングやリーダ
ーシップ行動の指導を受け、AD論を研究していたことが役立ちました。
東京学芸大学名誉教授の松村茂治先生には、教師指導態度と教育効果につ
いて助言を受けました。東京成徳大学大学院では、学科長で筑波大学名誉
教授・元日本教育心理学会理事長の新井邦二郎先生にご指導を受け、博士
論文にまとめました。

　また、歴史については、東北福祉大学時代に岡田清一先生から中世・鎌
倉期と東北古代史を教わり、大学時代に歴史学の素養を身につけたことも
幸いしました。近世・近代史では、故人となりました元上越教育大学学
長・元盛岡大学学長で歴史教育学の加藤 章先生に教示を受けました。

　それに加え、盛岡大学短期大学部では附属園長や学部長・理事として経
験知を得るとともに、社会福祉法人の役員研修会等を受けていたため、本
書を上梓することができました。

　なお、事実誤認などがないように諸資料をたくさん参考としましたが、
それでも思い違いがある場合はご容赦願いたく存じます。

＊

　じつは私の父親は小学3年生のときに亡くなりました。母親の頑張りと

祖父母や親戚の援助によって、高等教育まで受けられました。そしてい
ま、改めて、高校・大学や職場の周りの人たちに育てられたのだと、感謝
の気持ちでいっぱいです。これまでに出会ったすべての人たちに、この気
持ちを捧げたいと思います。そして「はじめに」同様、「おわりに」も宮
沢賢治の言葉「世界がぜんたい幸福にならないうちは個人の幸福はあり得
ない」と「永久の未完成これ完成である」(『農民芸術概論綱要』)で、本書
を締めさせていただきます。

　最後に、PHPエディターズ・グループの伊藤利文氏にお声を掛けていた
だき、同・小室彩里氏には懇切丁寧な編集と歴史事項の検証のところでた
いへんお世話になりました。記して感謝申しあげます。

　令和5 (2023) 年6月30日

嶋野重行

引用・参考文献

はじめに

増子義久『賢治の時代』岩波書店　1997年

宮沢賢治作、絵・中村道雄『なめとこ山の熊』偕成社　1986年

宮沢賢治作、絵・赤羽末吉『セロ弾きのゴーシュ』偕成社　1989年

宮沢賢治作、絵・金井一郎『銀河鉄道の夜』三起商行　2013年

I　社会システム

アダム・スミス『道徳感情論』筑摩書房　1973年

アダム・スミス『国富論　上・中・下』東京大学出版会　1969年

アリストテレス『政治学』岩波文庫　1961年

ドラッカー『マネジメント【エッセンシャル版】：基本と原則』ダイヤモンド社　2001年

原 丈人『「公益」資本主義』文春新書　2017年

金谷 治編訳『老子』講談社学術文庫　1997年

松井彰彦・川島 聡・長瀬 修編著『障害を問い直す』東洋経済新報社　2011年

中根千枝『タテ社会と現代日本』講談社現代新書　2019年

新渡戸稲造『一日一言』実業之日本社　1915年

II　マネジメント

チェスター・バーナード『組織と管理』文眞堂　1990年

エドガー・シェイン『組織心理学』岩波書店　1966年

平林亮子・髙橋知寿『やさしくわかる社会福祉法人の経営と運営　第4版』税務経理協会　2020年

今井小の実「軍事救護法の成立と"福祉"行政の創設」『社会福祉学』62（4）2022年

加藤重雄『社会福祉法人の原点』幻冬舎メディアコンサルティング　2014年

森田健司『なぜ名経営者は石田梅岩に学ぶのか？』ディスカヴァー携書　2019年

中村和彦『入門組織開発』光文社新書　2015年

中島隆信『障害者の経済学　新版』東洋経済新報社　2018年

岡本浩一『会議を制する心理学』中公新書ラクレ　2016年

相良 亨編集『甲陽軍鑑・五輪書・葉隠集』（日本の思想9）筑摩書房　1969年

佐治守夫他『ロジャーズ　クライエント中心療法　新版』有斐閣　2011年

司馬遼太郎『ビジネスエリートの新論語』文春新書　2016年

鈴木 勲監修『学校管理講座3教職員』第一法規出版　1984年

鶴 幸一郎他『福祉は誰のために』へるす出版新書　2019年

Ⅲ　リーダーシップと組織

半藤一利『日本型リーダーはなぜ失敗するのか』文春新書　2012年

三隅二不二『リーダーシップ行動の科学　改訂版』有斐閣　1984年

坂田桐子・淵上克義『社会心理学におけるリーダーシップ研究のパースペクティブⅠ』ナカニシヤ出版　2008年

嶋野重行『小学校・幼稚園教師の指導態度の研究―受容的態度と要求的態度（AD論）』風間書房　2019年

Ⅳ　福祉・教育の仕事

浦野裕司『気になる子どもの心に寄り添う教師のための心理術』明治図書出版　2021年

Ⅴ　組織目標

村木厚子『日本型組織の病を考える』角川新書　2018年

中島隆信『こうして組織は腐敗する』中公新書ラクレ　2013年

Ⅵ　人材育成

福本安甫・足立 明他編著『科学の方法』医療科学社　2003年

Ⅶ　働きやすい環境

畑村洋太郎『失敗学のすすめ』講談社　2000年

矢野久美子『ハンナ・アーレント』中公新書　2014年

Ⅷ　歴史

浅野典夫『ものがたり宗教史』ちくまプリマー新書　2009年

デュシェ『小児精神医学の歴史』そうろん社　2005年

本郷和人『日本史でたどるニッポン』ちくまプリマー新書　2020年

藤原正彦『国家の品格』新潮新書　2005年

福沢諭吉『学問のすゝめ』岩波文庫　2008年

磯田道史『歴史の読み解き方』朝日新書　2013年

磯田道史『感染症の日本史』文春新書　2020年

岩手県編纂『岩手県史』第1巻〜第12巻、杜陵印刷　1961〜1966年

岩手県特殊教育研究会『50年の歩み』岩手特殊教育研究会　2003年

岩手県障害児教育史研究会編『岩手の障害児教育史』熊谷印刷　1996年

海後宗臣『日本教育小史』講談社学術文庫　1978年

梶原正昭校注『陸奥話記』現代思潮社　1982年

加藤章・高橋知己・藤井茂・八木光則『よくわかる盛岡の歴史』東京書籍　2016年

加藤陽子『この国のかたちを見つめ直す』毎日新聞出版　2021年

京極髙宣『この子らを世の光に』日本放送出版協会　2001年

小林清治・大石直正他『中世奥羽の世界』東京大学出版会　1978年

松本峰雄編著『子どもの養護　社会的養護の原理と内容　第2版』建帛社　2013年

岡田清一『中世東国の地域社会と歴史資料』名著出版　2009年

ルシオ・デ・ソウザ、岡美穂子『大航海時代の日本人奴隷　増補新版』中公選書　2021年

佐藤竜一『原敬と新渡戸稲造』現代書館　2016年

佐藤竜一『盛岡藩』（シリーズ藩物語）現代書館　2006年

司馬遼太郎『ビジネスエリートの新論語』文春新書　2016年

園原太郎・黒丸正四郎・伊藤隆二・辻村泰男『精神薄弱児のために』NHKブックス　1966年

須田努『幕末社会』岩波新書　2022年

武田知弘『経済改革としての明治維新』イースト新書　2018年

特殊教育百年岩手県記念会『特殊教育百年記念　岩手県における特殊教育のあゆみ』1978年

辻村泰男『障害児教育の新動向』日本文化科学社　1978年

梅原猛『梅原猛の仏教の授業』PHPエディターズ・グループ　2012年

山本博文『あなたの知らない岩手県の歴史』洋泉社　2013年

横田賢一『岡山孤児院物語：石井十次の足跡』山陽新聞社　2002年

結城俊哉『共に生きるための障害福祉学入門』（大学生の学びをつくる）大月書
　　店　2018年

Ⅸ　羅針盤

ブルーナー『教育の過程』岩波書店　1963年

デューイ『学校と社会』岩波文庫　1957年

石田梅岩『都鄙問答』中公文庫　2021年

ペスタロッチ『隠者の夕暮　シュタンツだより』岩波文庫　1943年

ラ・ロシュフコー『箴言集』講談社学術文庫　2019年

ルソー『エミール』（上中下）岩波文庫　1962〜64年

おわりに

宮沢賢治『農民芸術概論綱要』（日本現代文学全集40）講談社　1963年

小倉昌男『小倉昌男経営学』日経BP社　1999年

小倉昌男『福祉を変える経営』日経BP社　2003年

全体をとおして

藤永 保監修『最新　心理学事典』平凡社　2013年

金谷 治訳注『論語』岩波文庫　1963年

宮城谷昌光『中国古典の言行録』文藝春秋　1996年

城山三郎『落日燃ゆ』新潮社　2002年

城山三郎『粗にして野だが卑ではない』文春文庫　1992年

城山三郎『雄気堂々』（上下）新潮文庫　1976年

庄司洋子他編『福祉社会事典』弘文堂　1999年

その他

インターネットの各種資料等

《著者略歴》

嶋野重行（しまの・しげゆき）

1959年　岩手県生まれ
1982年　東北福祉大学社会福祉学部卒業
1982〜2006年　岩手県立公立学校勤務
1987〜1989年　岩手県より上越教育大学大学院に派遣（教育学修士）
1994〜2004年　岩手大学教育学部附属特別支援学校
2005〜2006年　岩手県公立学校勤務・退職
2006〜2012年　盛岡大学短期大学部准教授
2014〜2016年　盛岡大学附属厨川幼稚園長
2017〜2019年　盛岡大学短期大学部長・幼児教育科長
　　　　　　　学校法人盛岡大学理事、評議員を兼任
2013年〜現在　盛岡大学短期大学部教授・博士（心理学・東京成徳大学）

＜社会的活動（2023年度現在）＞

滝沢市青少年問題協議会・会長、滝沢市社会教育委員会・議長
滝沢市特別支援教育巡回相談事業・専門員
滝沢市いじめ防止等対策協議会・委員
滝沢市教育振興運動推進協議会・理事
社団法人岩手県青少年活動交流センター運営協議会・会長
岩手県県立高等学校教育の在り方検討会議・委員
社会福祉法人小原慶福会・評議員（児童養護施設・青雲荘等）
社会福祉法人のぞみ会・理事（障害者支援施設・希望ヶ丘学園等）
社会福祉法人手をつなぐ・理事（障害者支援施設・あすなろ園等）
社会福祉法人やまゆり会・第三者委員（障害者福祉サービス事業所・みのりホーム）
奥中山高原結カフェ・第三者委員（障害福祉サービス事業所）

＜著書＞

『改訂　子どもの養護　社会的養護の基本と内容』（分著）建帛社　2018年
『小学校・幼稚園教師の指導態度の研究　受容的指導態度と要求的指導態度（AD論）』風間書房　2019年
『もしかして発達障害？「気になる子ども」との向き合い方』幻冬舎ルネッサンス新書　2019年

装幀　本澤博子
装画　iStock.com/eliflamra
図表　株式会社ウエイド

福祉と教育のマネジメント
人間関係をよくするための方法

2023年6月30日　第1版第1刷発行

著　者　　嶋野重行

発　行　　株式会社ＰＨＰエディターズ・グループ
　　　　　〒135-0061　東京都江東区豊洲5-6-52
　　　　　☎03-6204-2931
　　　　　http://www.peg.co.jp/

印　刷
製　本　　シナノ印刷株式会社